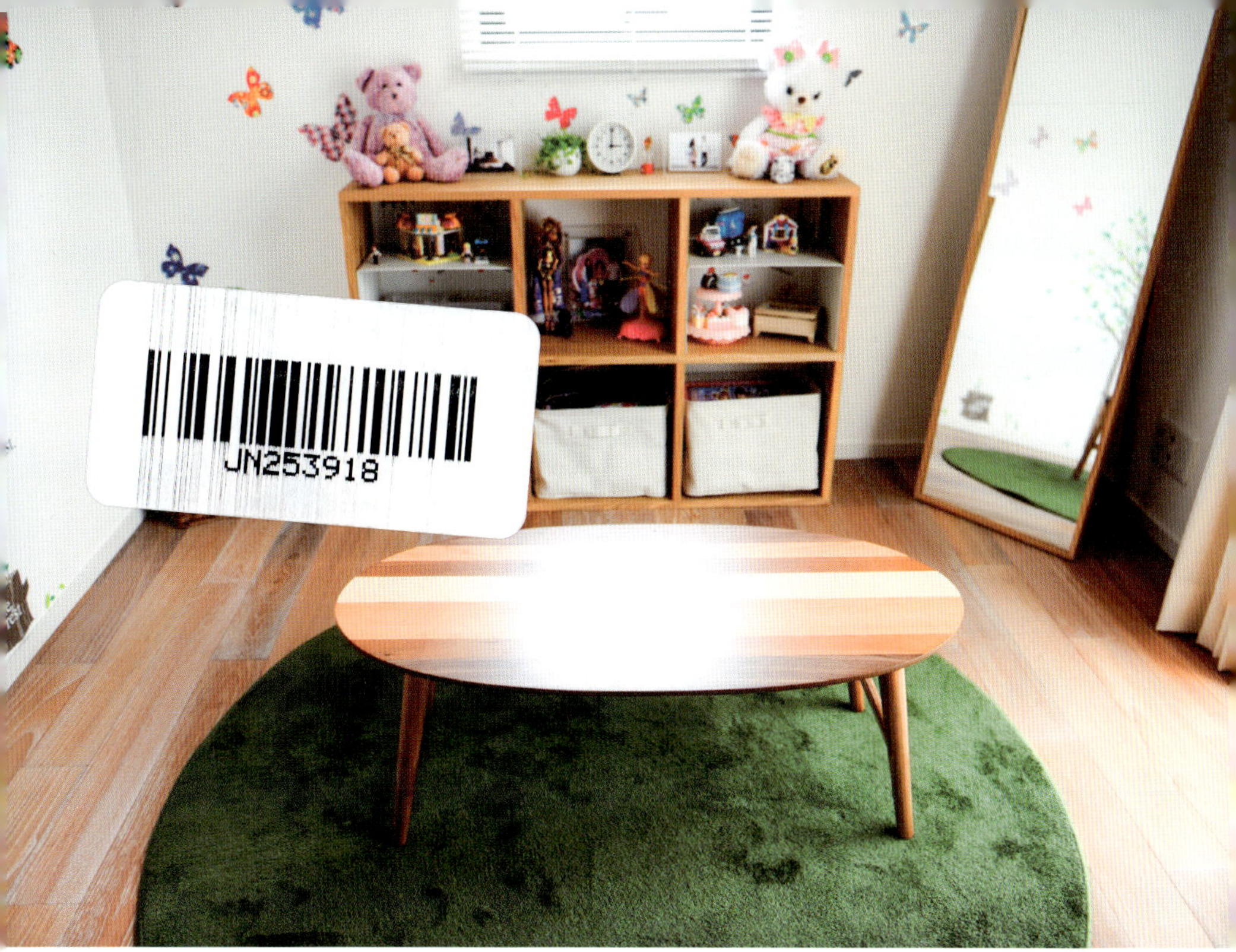

子どもが散らかしてもすぐ片付く

梶ヶ谷家の整理収納レシピ

整理収納アカデミアマスター
梶ヶ谷陽子

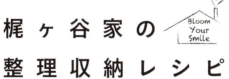

大好きな家族が一番、長く一緒に過ごす場所は「家」です。

どんなに悲しいことがあっても、どんなに辛いことがあっても、家に帰れば大好きな家族がいて、「また明日からがんばろう」と思える。

読者の皆さまへ

そんな場所でありたいと、私は思っています。そしてもちろん、私だけでなく家族にとっても「大好きな場所」であってほしい。だからこそ、「空間づくり」は子どもの成長や行動、そして主人や私自身のライフスタイルに照らし合わせながら、つくり上げるようにしています。

今年の春、わが家は大きな節目を迎えました。それは娘が小学生になったことです。持ち物が大きく変わり、1日のスケジュールもガラリと変わり、身の回りのことを本格的に自分でやり始める時期に突入しました。そんな娘が生活しやすい空間、そして行動範囲が広がり、ますますやんちゃになった2歳の息子が安心して過ごせる空間、そして私自身がラクして育児・家事・仕事ができる空間づくりを目指しました。

わが家は今まで二度の引っ越しをし、部屋の模様替えを何度も繰り返してきました。実は、はじめは失敗ばかりでした。「家族が大好きな空間って?」「物との付き合い方って?」、そんなことすら深く考えず、とりあえずスッキリした空間をつくろうとしていたこともあります。ですが、育児や家事や仕事で一杯一杯になると、家の中がとんでもない状態になって、余計イライラしてしまったり。

今、こうして整理収納を仕事にしている私でも、実は「整理収納の正解はこれです！」というのを皆さまにお伝えすることができません。子どもが少しずつ成長するのと同じように、「家」も成長させてあげなければならないということは、失敗を繰り返した今だからこそ言えることです。

子どもがいれば当然、物は増え、家の中がとんでもない状態になるのはわが家も同じです。ですが、子どもがラクに出し入れできるしくみが整っていれば、散らかった部屋をカンタンにリセットすることができます。

今回、この本では、わが家の整理収納をすべてお見せしています。空間づくりで失敗したこと、どんな物を持って、どのように付き合い手放しているか。何をどんな風にどこへ収納しているか、すべて書かせていただきました。ですが、これは「梶ヶ谷家の整理収納レシピ」です。皆さまの整理収納の正解ではありません。大好きなご家族の、大好きな空間づくりの正解は、皆さまのご家庭でしかつくれないものです。

この本が、皆さまのご家庭だけの「整理収納レシピ」づくりのお役に立てれば幸いです。

二〇一五年十一月
梶ヶ谷陽子

梶ヶ谷家の間取り

FIRST FLOOR
1階

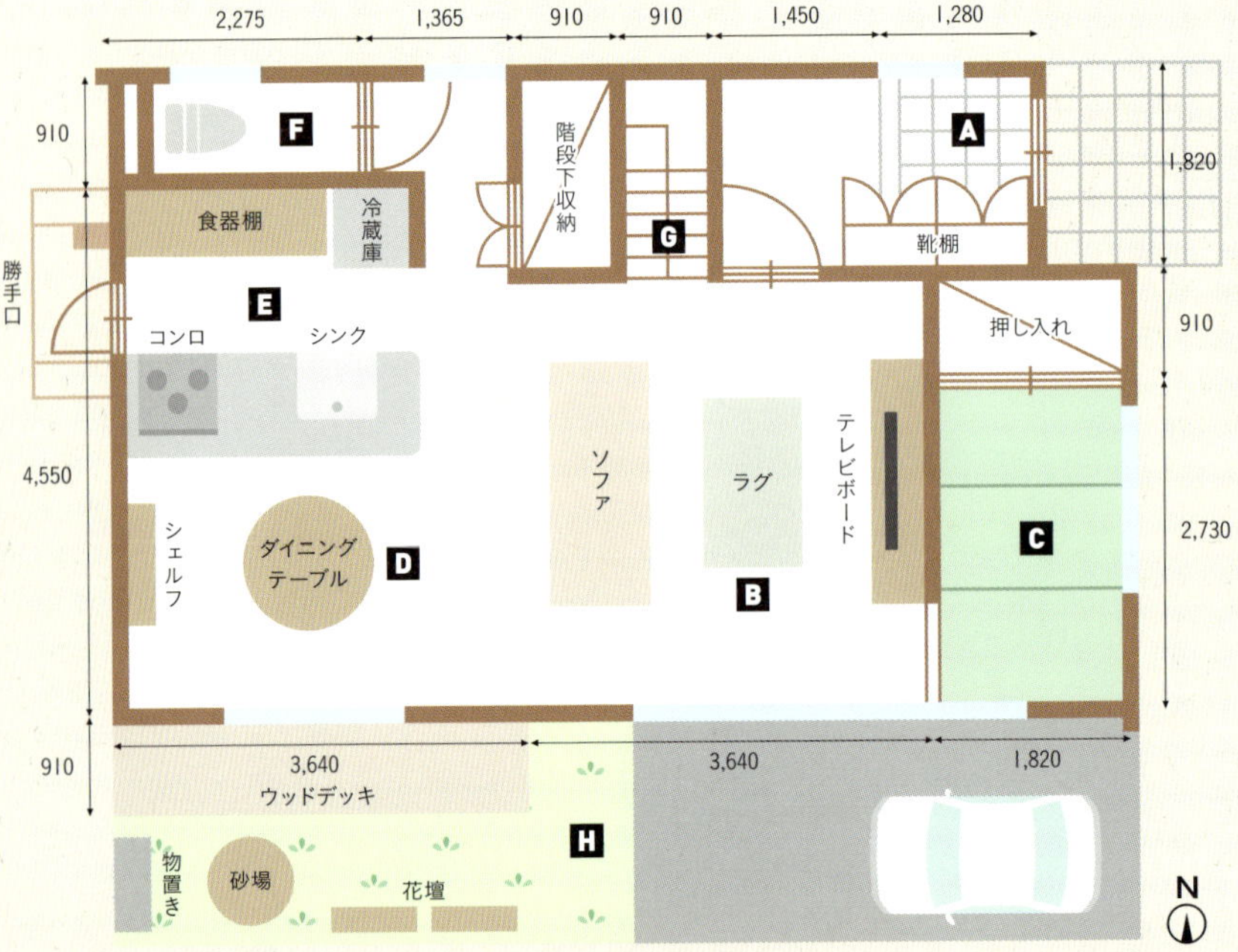

単位：mm

A 玄関
玄関は壁面いっぱいを収納棚にして。子どもの成長とともに増える靴やグッズに対応できる収納を。

B リビング
必要最低限の家具だけ置き、家族がくつろいだり、子どもたちが思いっきり遊べるスペースにしています。

C 和室
私の強い希望でつくった3畳の和室。将来は、こたつを置いてお茶を飲みたいという夢があります。

D ダイニング
家族が食事をしたり、娘が宿題をする場所。文房具や通学グッズ、プリント類はシェルフに収納。

E キッチン
毎日の食事づくりがスムーズ&ラクにこなせるよう、高さ・幅・配置、すべてにこだわったキッチン。

F トイレ
使用率が高く、来客も使用する1階のトイレはタンクレスに。タンクがないぶん、掃除がラクです。

G 階段
老後を考えて階段に手すりを設置。リビングから近い階段下収納は、押し入れに次ぐ大事な収納庫。

H 庭
庭には砂場や花壇を設置。物置きやウッドデッキ下には、洗車グッズや外で使用する物を収納。

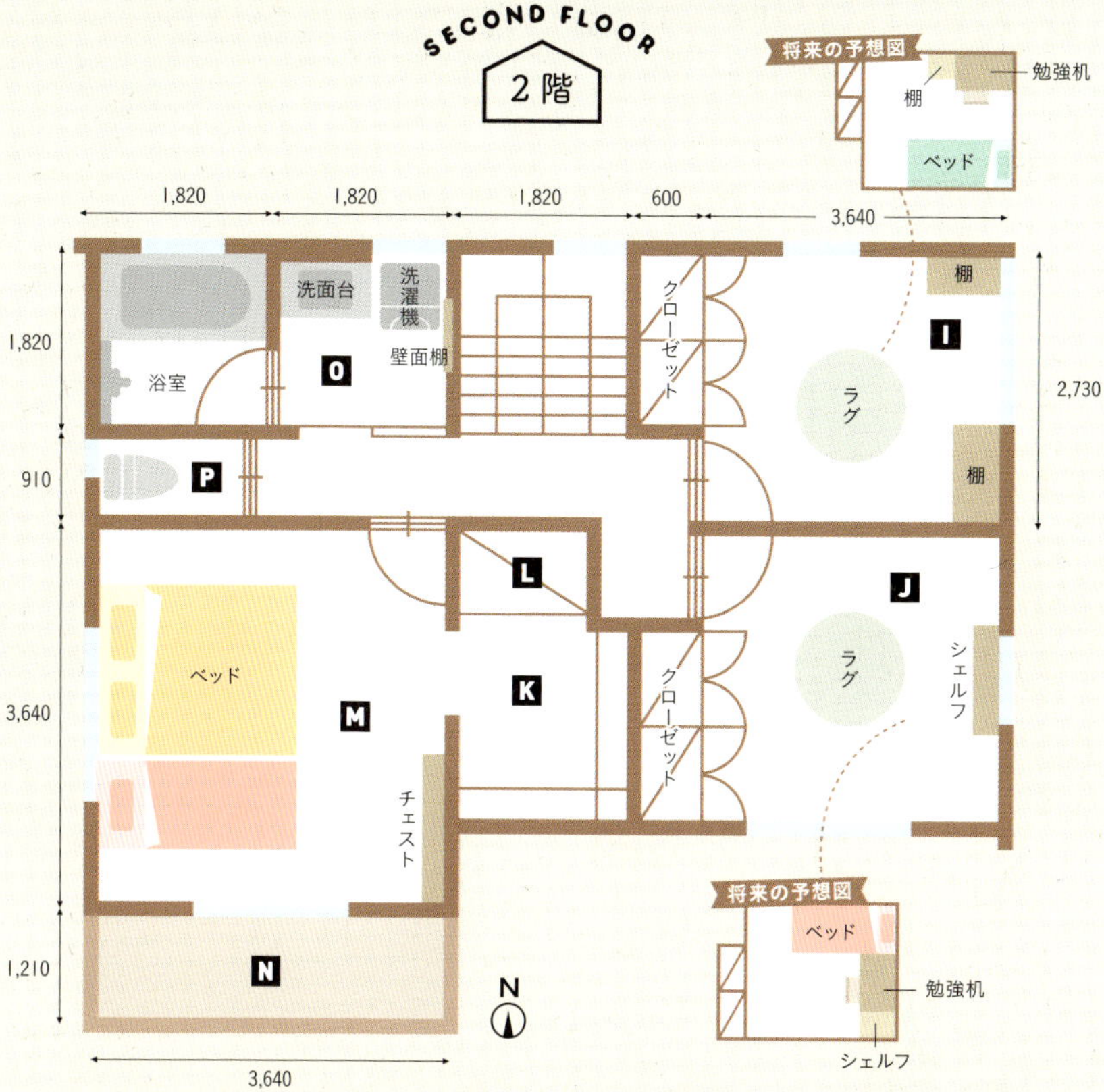

■I **息子の部屋**

天井が片下りになっているぶん、クローゼットも小さめ。今は子どもたちが遊ぶ場所として使用。

■J **娘の部屋**

とても日当たりのいい娘の部屋は、窓も大きく開放的。近い将来、ベッドや勉強机を置く予定です。

■K **クローゼット**

私と主人の洋服や小物を収納。アイロンやアイロン台、ハンガーなどの洗濯グッズもすべてここに。

■L **PCスペース**

主人の提案で、クローゼットの一角にデスクを置いてPCスペースに。私の仕事場でもあります。

■M **寝室**

今はまだ、ダブルベッドとシングルベッドを並べて家族4人で寝ています。将来はダブルのみになる予定。

■N **バルコニー**

バルコニーはなるべく広く、というのが私の希望。床をグレーチングにして、光が1階まで通るように。

■O **洗面所**

ごくごく普通の洗面所。収納スペースが少なかったため、壁面家具を設置して空間を活用しています。

■P **トイレ**

2階のトイレは家族だけが使うプライベートな空間。結婚式の写真を飾ってホッとできる場所に。

CONTENTS

RECIPE 01 子どもの成長に合わせた整理収納

RECIPE 02 家族の動線に合わせた整理収納

RECIPE 03
梶ヶ谷家の衣食住

RECIPE 04

梶ヶ谷家の収納スペース

RECIPE
01

子どもの成長に合わせた整理収納

整理収納を通じて、子どもに伝えられることはたくさん。
物としっかり向き合うこと、物を大切に使うこと……。
成長に合わせて、理解できることも変わります。
その子に合った整理収納を見つけてみてください。

子どもの成長に合わせた整理収納

整理収納は、子どもに「物とのかかわり方」を教えるのに最適の手段です！

0歳

子どもの成長＆年齢ごとの特徴

寝ていただけの赤ちゃんが、寝返り、おすわり、ハイハイと、めまぐるしく成長する。

子どもの成長に合わせた整理収納

基準は「親」！親がラクな方法を選ぶ

この段階では、基準はまだお母さん。お世話しやすい物の配置・入れ方・収納場所を選び、ラクに育児できるように。

整理収納を通じて教えたいこと

物と触れ合う

14ページ

1-2歳

子どもの成長＆年齢ごとの特徴

歩く楽しさを覚え、目に入る物は何でも興味を持って手に取る。とにかくパワフル。

子どもの成長に合わせた整理収納

声かけしながら一緒にお片付けする

おもちゃなどは細かく分類せず、ざっくり収納して。子どもに声をかけながら、一緒に物の出し入れを行う。

整理収納を通じて教えたいこと

「出す・しまう」を体験する

16ページ

子育てをしていると、たくさんの悩みにぶつかります。その中の1つが、「子どもの片付け」についてではないでしょうか。

日々生活する中で、私たちは多くの物とかかわります。ですが、かかわり方を一歩間違えると、物たちが家中にあふれ、生活がしづらくなってしまうことも。だからこそ、物たちとしっかり向き合うことが大切だと思います。

私は「物とのかかわり方」を学べる一番の場所は、「家」だと思います。ですが、「子どもに『片付け』をどう伝えるか」は、難しいですよね。私は整理収納アドバイザーの資格を取得するまで、子どもに対して「どうせ、まだ幼いから言ってもわからないし……」「子どもにやってもらうよりも、自分で片付けたほうが早いしラク」と思って、自分ばかりが片付けていたよう

3歳

物の意味を理解して、自分の意思を言葉で伝えられる。やれることは自分でやろうとする。

子どもと一緒に分類し、見直しを始める

子どもと一緒に物を細かく分類・収納して、「使っていない物」はないか、物の見直しを子どもと一緒に始める。

物を見直す

18 ページ

4-6歳

親より友だちと過ごす時間が多くなり、身支度も少しずつ自分でできるようになる。

用途ごとに収納し、定期的に物を見直す

子どもの動線に合わせて、用途ごとに物を細かく分類・収納する。定期的に物を見直し、同時に手放し方を伝える。

物を手放す

20 ページ

7歳

「自分のことは自分でやる」が本格化。子どものため親のサポートを徐々に減らす。

子どもを主体にして整理収納を実践する

収納方法や場所、物の見直し&手放しは、すべて本人の意思を聞きながら一緒に行い、徐々に本人に任せていく。

身の回りのことを自分でやる

22 ページ

に思います。

ですが、その子に合った声かけや収納法を見つけてあげれば、幼い子でも自分で出し入れできるようになります。やがては、自分でおもちゃを取り出し、自分で片付けるようになります。そうなってくれると、私たち親にとってありがたいですし、子どもの自立のためにもなりますよね。

この章では、私がこれまで子育てをしてきた中で、感じた葛藤や失敗体験を正直に書かせていただきました。その体験を通じて、学んだこと、実践したことを子どもの年齢に合わせて紹介しています。

0〜7歳と年齢別に分けて紹介していますが、あくまで目安です。ぜひ、「物とのかかわり方」や「子どもへの伝え方」の参考にして、皆さまのお子さんに合った方法を見つけていただけると幸いです。

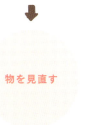

0歳の整理収納

初めての出産＆育児は、わからないことばかり！
あれこれ物を買い込まず、様子を見ながらでＯＫ。

梶ヶ谷家 MEMORY

待ちに待った娘が誕生！だけど「失敗」ばかり……

お腹に赤ちゃんがいるとわかった時、本当にうれしかったことを思い出します。初めての出産に備えて育児書を読みあさり、「これは必要」「あれば便利」と書いてある物はすべて買いそろえました。そして2階の子ども部屋に収納して、準備万端調えて出産！

ところが、必要な物はそろっているのに、なぜか育児しづらい日々が続いたのです。原因は「必要な物が、使う場所に収納されていないから」。

ベビーベッドのある子ども部屋は2階でしたが、娘はベビーベッドでは一切眠らず、お世話する場所はほとんど、私が家事をしながら見ることのできる1階のリビング。そのため、1階と2階を行ったり来たり、ムダな動きばかり……。結局、子ども部屋に準備した物は、ほとんどリビングに移動しました。

POINT

「わが子に何が必要か」は育児しながら考えても遅くない

赤ちゃんはベビーベッドで寝るものだと思っていたのに、ベビーベッドではまったく寝なかったり、オムツを捨てるゴミ箱はオムツ専用のゴミ箱じゃなきゃダメだと思って購入したら、大き過ぎてジャマになったり……。

「育児書に必要と書いてある物が、わが子には不要だった」ということも、たくさんありました。育児をする中で、「わが子にとって本当に必要な物は何か」を見極めていくことが大事ですね。

0歳の特徴

寝ていただけの赤ちゃんが、寝返り、おすわり、ハイハイと、めまぐるしい成長を見せる時期。

CHECK 1 必要な物を一ヵ所にまとめる必要はない

「子どもの物として一ヵ所にまとめる」のではなく、「お世話する場所ごとに必要な物を分散させて収納する」ほうが便利。例えば、わが家ではオムツやお尻ふきをまとめたお世話セット（写真）を1階の和室と2階の寝室、それぞれに配置しています。

中身は、オムツの替え、お尻ふき、手口ふき、ビニール袋、ティッシュ、スキンケアクリームが数種類。

お役立ち ITEM

[オムツ入れ]

オムツの替えや、お尻ふきをまとめて収納。オムツ卒業後も使い回せる物をチョイス。

重なるラタン長方形バスケット・大 約幅36×奥行26×高さ24cm／無印良品

CHECK 2 お世話する場所を考えて身動きが少ない配置に

例えば、衣類の収納場所は「着替えの時、子どもをどこに寝かせるか」によって決めます。畳に寝かせる場合、お母さんは座って着替えさせるので低い場所に衣類があればラク。ベビーベッドの場合、立って着替えさせるので腰の高さに衣類を置けばラク。

わが家では、着替えはオムツ替えと同じ1階・和室の畳の上で。衣類は和室・押し入れの一番下に収納。

お役立ち ITEM

[オムツ用ゴミ箱]

分別用のゴミ箱をオムツ用に代用。フタ付きなので臭いも気になりません。

幅17.6×奥行33.3×高さ26.3cm
※密閉容器ではありません。
kcud（クード）スタックボックス ホワイト／岩谷マテリアル

1-2歳の整理収納

何でも手に取り、何でも自分でやりたがる時期に突入！
だからこそ、整理収納の楽しさを教える絶好のチャンス。

梶ヶ谷家 MEMORY

「しっかりしなきゃ」と、自分を追い詰めていた時期

娘が2歳の時、私はフルタイムで働いていました。その間は実家の母が娘を見てくれたのですが、実家に娘を迎えに行くたび、「一緒にいられなくてごめんね」と泣いてしまい……。「一緒にいる時間が短いからこそ、一緒にいる時間は甘えさせてあげたい」と思っていましたが、それも上手にできませんでした。「仕事も家のことも、完ぺきにやらなきゃ」という思い込みで、自分を苦しめていた気もします。

そのころは、整理収納の知識もなかったのですが、家の中がスッキリしていると落ち着き、散らかっているとイライラする自分がいました。ですが今思うのは、私がイライラするから家の中が散らかったのだということ。それほど、仕事と育児のバランスが取れていなかったと思います。

POINT

整理収納の第一歩は「楽しさ」を教えること

「自分で何でもやりたい！」という意思がハッキリする時期。
　そんな時だからこそ、整理収納の第一歩をふみ出すにはもってこい。まずは、ちょっとしたことからで大丈夫です。「一緒におもちゃを取る」「遊び終わったら一緒に戻す」、これだけでOK。子どもにとって、最初の整理収納は「遊び」と同じ感覚です。だからこそ楽しんで物の名前を教えたり、物にも〝おうち（＝収納場所）〟があることを伝えるのが大切です。

1〜2歳の特徴

目に入る物は何でも興味を持つころ。整理収納の第一歩はこの時期からスタート。

CHECK 1 子どもの背中を押してあげる声かけを

　この時期、一番必要なのは声かけ。「意味がわからないかな？」と思わず、「おもちゃを〝おうち（＝収納場所）〟に帰してあげてね」などの声かけを。すると、「出し入れする」ことも「遊び」の1つだという認識が、子どもの中で生まれます。

「帰るまでが遠足」と同じで、子どもにとって「お片付けするまでが遊び」になるように。

お役立ち ITEM

［おもちゃ入れ］

おもちゃの分類に。引き出し（別売）の色によって、収納する物を分類してもOK。

幅94×奥行き44×高さ52cm
TROFAST 収納コンビネーション パイン材 ホワイト／イケア

CHECK 2 「自分のスペース」だと感じさせてあげる

　環境を整えてあげることも大事。おもちゃで遊ぶ場所に大人の物は置かず、子どものおもちゃだけにすること。すると「自分のスペース」だと子どもは実感でき、「自分のスペースをきれいにしたい（片付けたい）」という気持ちも自然と芽生えます。

キッズスペースには大人の物は置かないように。

写真提供：撮影／長谷川健太
『子どもがいてもできるシンプルな暮らし』（すばる舎）より

お役立ち ITEM

［カゴ］

最初は「入れるだけ」でOKのフタなしボックスが最適。プラスチック製で安全。

積み重ねコンテナ ホワイト／ダイソー

8　3歳の整理収納

言葉の意味を理解できるようになる時だからこそ、
整理収納で一番、大事なことをしっかり伝えたい。

梶ヶ谷家 MEMORY

引っ越しを機に物を見直しスッキリしたスタートに！

娘が3歳3ヵ月の時、現在の家に引っ越しをしました。戸建から戸建に引っ越しをしたのですが、現在の住まいは以前の家より収納スペースは多くありません。ですが、以前の家よりもスッキリとした生活を送っています。それは私が偶然、引っ越し前に整理収納アドバイザーの資格を取るため、勉強したことが影響しています。物の持ち方や買い方、考え方が大きく変わり、新居に移る時にはたくさんの物を見直しました。

この時期、娘の生活にも変化がありました。私の仕事の間に娘を預かってくれた母が病気で倒れ、一時保育に通うことになったのです。娘のことを思うと心配でしたが、娘はとても前向き。保育園に持っていく物を自分で選び、準備する娘の成長が印象に残っています。

POINT

「もったいない」ことの本当の意味を教える

言葉の意味が理解できるようになるこの時期、もっとも伝えるべきは「もったいない」ことの意味。「物は使っていないことが一番、もったいない」ということをしっかり伝えないと、「物は捨てることがもったいない、だから使っていなくても取っておく!」という考え方になりかねません。「〝おうち（＝収納場所）〟がないのは、かわいそうだよ」などの声かけをして、「使っていないおもちゃ」はないか、一緒に見直しを。

3歳の特徴

「これで遊びたい」「これは嫌」など、意思を言葉で伝えられる。物と向き合う作業を始めて。

CHECK 1 細かく分類して持ち物を明確にする

この時期の収納は、細かく分けること。すると、何をどのくらい持っているか把握しやすくなります。例えば、10本の鉛筆が他の物と交ざっていたら、何本持っているのかわかりませんが「えんぴつ」の居場所をつくり、そこを見れば本数も一目瞭然です。

引き出し内に仕切りケースを付けて、はさみ、えんぴつ、ペン、クレヨン、ノートなど細かく分けます。

写真提供：撮影／長谷川健太
『子どもがいてもできるシンプルな暮らし』（すばる舎）より

お役立ちITEM

［仕切りケース］

クレヨンや鉛筆、のり、はさみなど、細々した文房具を収納するのに便利。

KUSINER ボックス 仕切り付き ホワイト グリーン／イケア

CHECK 2 細かい分類は「物の見直し」がしやすい

何をどのくらい持っているかが明確になれば、断然、「物の見直し」がしやすくなります。「えんぴつ」の場合も、「自分は10本の鉛筆を本当に使っているか?」と考えやすくなります。そして「使っていない物」がないか、物と向き合う習慣付けを。

おもちゃは一緒に使う物をセットにして「おりょうりあそび」「つりあそび」など、遊びごとに分類。

お役立ちITEM

［取っ手付きケース］

分類したおもちゃは、それぞれ取っ手付きケースに。遊ぶ物だけケースごと取り出せばOK。

ポリプロピレンメイクボックス
約150×220×169mm／無印良品

4-6歳の整理収納

幼稚園時の3年間には、遊ぶおもちゃもコロコロ変化。
物が増えやすい時期なので、要注意です！

梶ヶ谷家 MEMORY

幼稚園生活がスタート！変化の大きい3年間

毎日、決まった時間に起き、制服を着て幼稚園へ行く生活が始まりました。初めてのお友だちに先生、給食、バス登園……、何もかも新しいことばかりで戸惑うこともあったはず。そんな娘のため、「どこに何があれば、幼稚園の準備がスムーズにできるかな」などと収納について、いつも考えていたように思います。

幼稚園児だった3年間は、本当に色々なことが変わりました。娘の身長も変われば、選ぶおもちゃや読む本もガラリと変化。一番、驚いたのは、娘の中で「自分のことは自分でやる」という気持ちが大きくなったこと。年少の時は私と一緒に身支度をしていた娘が、年長さんになってからはすべて、一人で済ませるように。本当に成長と変化の著しかった3年間でした。

POINT

変化が大きい時期こそ「物と向き合う」習慣を

幼稚園時の3年間には、おもちゃや読む本がガラリと変わります。わが家の娘も前は、電車遊びや車のおもちゃで遊ぶことが大好きだったのに、気が付くと人形遊びばかりしていたり……。

この時期に大切なのは、「子どもにとって今、本当に必要な物か」を考えて、本人と一緒に物と向き合うこと。変化の激しいこの時期こそ、定期的に物と向き合わないと、あっという間に「使っていない物」が増えてしまいます。

4〜6歳の特徴

親から離れ、友だちと過ごす時間が長くなる。身支度も、少しずつ自分でできるように。

CHECK 1 「捨てる」ことが整理収納ではない

物を手放す時、「捨てる」という言葉は子どもでも好みません。サイズアウトした衣類なら、実際に着させて「もう小さいね」と納得させた上で、「フリーマーケットに出そうね」など、「捨てる」以外の手放す手段を伝えることも大切です。

「物は大切に使えば、次に誰か必要とする人の元へ渡る」という考え方も子どもに伝えて。

お役立ち ITEM

[タグ]

フリーマーケットで売る物には値札を付けて。子どもと一緒に値札付けを楽しみます。

縦5.1×横3.5㎝
下札 立体PRICE 糸つきグリーン／Aruyan

CHECK 2 「自分でできた！」経験が自信につながる

わが家ではまず、「朝の身支度が自分でできるように」と考え、幼稚園の身支度にかかわる物を一ヵ所（娘の部屋のクローゼット）に収納。「身支度」という習慣の中で実践することで、「自分でできた！」経験を積むことができました。

娘の身長に合わせた高さへの配置、中身がわかるラベリングを徹底して、娘が自分でできるように。

お役立ち ITEM

[ポール]

クローゼット内にポールを設置して、子どもの手の届く高さにハンガーを引っかけて。

7歳の整理収納

だんだんと、親離れする子どものためにも、
「一人でできる」空間づくりを目指して。

梶ヶ谷家 MEMORY

小学生になった娘、親離れが少し寂しくもあり……

ついこの間生まれた娘が、あっという間に幼稚園を卒園し、この春に小学生になりました。娘が小さいころは、初めての育児に戸惑ってばかり。まったく寝ない娘にイライラして一緒に泣いたり、常に私の後を付いてくる娘に対して、「一人の時間がほしい……」と育児ノイローゼ気味になったことも。ですが、娘が幼稚園に入園した時、長い時間離れるのが寂しかったことを覚えています。

小学校生活が始まり、娘は毎日のようにお友だちと遊んでいます。ついこの前まで「お母さんが一緒じゃなきゃ嫌！」と言っていたのに、今では「じゃあね！」と一人で遊びに出て行きます。子どもと一緒にいられる時間は本当に短いんだな、と改めて実感しています。

POINT

小学校生活が本格的に始まってからでOK

7歳の特徴

小学生になり、「自分でできることは自分でやる」が本格化。子どものため、親のサポートを少しずつ減らしていく。

小学校生活が始まると、やるべきことが増えます。その日の宿題や翌日の準備など、効率よくこなすためには、「子どもが自分で身の回りのことができる空間づくり」が重要。

ですが、小学校生活が本格的に始まらないと、わからないこともたくさん。教科書はどのくらいなのか、毎日のプリントはどのくらいなのか、だいたいのことがわかり始める夏休みごろから少しずつ、つくり上げれば大丈夫です。

CHECK 1 「美しい収納」よりも「ラクできる収納」に

わが家の娘も小学生になると、今まで私が取ってあげていた物を「自分で取るから収納場所を変えて!」と言うように。以前は洗面所の鏡面収納に入れ、しまっていた歯ブラシも、今では娘がすぐ手に取れるよう洗面台に出しっ放しにしています。

一緒に使う歯磨きチューブやコップ、親の歯ブラシも洗面台に出しっ放しにしています。

お役立ち ITEM

[歯ブラシスタンド]

歯ブラシを差すだけだと、子どもでも出し入れカンタン。出しっ放しで見せる収納に。

歯ブラシスタンド／Francfranc
※販売終了

CHECK 2 「何がラクなのか」は子ども自身がわかっている

以前、私はファイルボックスに娘の教科書を入れていました。ですがある日、「ファイルボックスの正面部分が、教科書を出し入れする時に引っかかってジャマ!」と娘が言ったのです。それからは、仕切りスタンドに教科書を立てて収納しています。

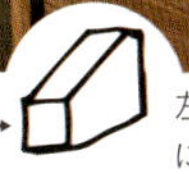

左のタイプのファイルボックスは、娘にとって出しにくいそう。

お役立ち ITEM

[仕切りスタンド]

教科書や習い事のテキストを収納。オープンなので、子どもでも出し入れしやすい。

アクリル仕切りスタンド 3仕切り約268×210×160mm／無印良品

子ども部屋の

幼稚園時代

BEFORE

小学校時代

➡AFTER

わが家では、娘が幼稚園から小学校へ進学するタイミングで、子ども部屋を大きくリニューアルしました。小学生になれば、今までとはまったく違った物が必要になり、本格的に「身の回りのことを自分でやる生活」がスタートするためです。

　子ども部屋のリニューアルをして実感したことは、

娘の部屋
▶ 26ページ

娘の部屋
（家具）
▶ 28ページ

「子どもと一緒につくり上げることが、とても大切」だということ。「どこに何があればラクか・どんな家具を置きたいか」というのは、本人にしかわかりません。そして、子どもが自分でつくり上げた部屋は、子ども自身が好きになり、大切に使いたいと思うようになります。

これから、リニューアルした梶ヶ谷家の子ども部屋を、幼稚園時代と比べながらご紹介します。皆さまの「整理収納レシピ」づくりのお役に立てば幸いです。

娘の部屋
（クローゼット）
▶ 30 ページ

息子の部屋
▶ 32 ページ

BEFORE ● 娘の部屋

写真提供：撮影／長谷川健太『子どもがいてもできるシンプルな暮らし』(すばる舎)より　※5～6歳時の部屋

1
ウォールステッカーは安全で空間を圧迫しないので、キッズスペースにおすすめ。部屋がグッと華やかに。

2
幼稚園児になった時、朝の身支度をする中で娘が「時間」を意識できるように、デジタル時計を置きました。

3
増えがちな絵本は「この本棚に入る量だけ持つ」と決めて。1つ絵本を増やしたら、1つ手放すように。

4
座って遊んだり、ゴロゴロ寝転んだりできるようにラグを敷いて。かわいらしく、部屋のアクセントにも。

5
「勉強する」という目的ではなく、「絵を描いたり本を読んだりする」という目的で購入した机と椅子。

幼稚園時代の娘の部屋は、家具を白で統一し、木や蝶々のウォールステッカーを壁に貼った、とてもかわいらしい部屋。どんな部屋にするかは娘と一緒に考え、家具の買い足しも一緒に行きました。ウォールステッカーや家具は、娘が選んだ物です。

私自身はシンプルな物が好きですが、「子ども部屋は子どもの好きなようにさせてあげたい」という気持ちがありました。ただし、地震が起きた時のことを考えて、「高い位置に危険な物を置かない」などの最低限のことは、しっかり娘に伝えて。

当時の娘の部屋のテーマは「好きなことを思いっきり楽しめる空間」。幼稚園のころは、娘が持っている物の中心は「おもちゃ」でした。そこで、娘自身がおもちゃを出し入れできるよう収納方法を考え、おもちゃで遊ぶスペースを十分、確保することに重点を置いて、部屋づくりを考えました。

1
娘が洋服のコーディネートを楽しめるように、全身鏡を購入。長く使えるサイズ&デザインの物を選んで。

2
木製家具のナチュラル感に合う、オトナっぽいグリーンのラグを敷いて。以前のラグは、息子の部屋に移動。

3
デジタル時計から、針を読むタイプの時計に変更。毎日、目にすることで針が指す時間を読めるように。

4
娘の作品は、出して見せる収納に。自分がつくった物がインテリアになり、子どものモチベーションもアップ。

5
小学校に着て行く洋服は、前日のうちにコーディネート。用意した洋服を一時置きするためのカゴを設置。

「好きなことを思いっきり楽しめる空間」が幼稚園時代の部屋のテーマで、その〝好きなこと〟はイコール「おもちゃ遊び」でした。

ですが、小学校生活に向けて、「おもちゃ遊び」から「身支度」が楽しめる部屋になるよう、リニューアルをしました。制服のあった幼稚園とは違い、小学校には毎日、私服で通うことになるからです。

「身支度を楽しむ」というのは、大人でもなかなか難しいこと。ですが、全身鏡に自分の姿を映したり、ラグの上に洋服を広げてコーディネートを考える娘は、とっても楽しそう。お気に入りの家具に囲まれ、物の出し入れがスムーズにできる部屋ならば、身支度も楽しくなるんだと、娘を見ていて思いました。子どもが「身支度」を楽しめる空間をつくってあげることが、「身の回りのことを自分でやる」第一歩にもつながります。

①
引き出しに仕切りケースを設置してノートやはさみ、クレヨンなど細々した文房具の居場所を明確に。

②
遊びながらつくった作品など、子どもが「取っておきたい」と言った物を一時置きするスペースも確保して。

③
お人形と一緒に、お人形の髪飾りや小物（★）も収納。遊ぶ時に一緒に使うアイテムは、同じ引き出し内に入れます。

④
入れるだけの収納は片付けがラク。カードゲーム（★）は箱から出してすべて同じケースに入れれば省スペースに。

⑤
「つりあそび」「おままごと」など遊びごとに分類してボックスに。遊ぶ時、必要なおもちゃだけ取り出せばOK。

幼稚園時代は、収納する物のほとんどがおもちゃだったので、収納家具は奥行があって全体が見渡せる、引き出しタイプを選びました。

引き出し収納は、開けた時にすべての物が目に入るよう、「重ねない」のがポイント。細々したおもちゃは種類ごとにボックスやケースに入れて並べ、引き出し内の四角の空間を上手に使って。増えがちなおもちゃも、「この引き出しに入る量だけ持つ」と決めれば、あふれることはありません。

収納用品は子どもが日々、手に取る物なので、落としても割れない物を選びました。

お役立ち ITEM

引き出し収納は、全体が見渡せるのでおもちゃの収納にもってこい。2段と3段のチェストを組み合わせて使いました。

右：STUVA チェスト（引き出し×3）ホワイト
左：STUVA チェスト（引き出し×2）ホワイト
／ともにイケア

①
棚の空間をコの字ラックで区切って収納量アップ。2段にして、ディスプレイスペースを増やしました。

②
娘が好きなマンガのカードファイルは、ボックスにひとまとめ。大好きな物がすぐ手に取れるように。

③
娘がよく使うお気に入りのバッグは出しておいて。あまり使わないバッグはクローゼットの中に収納しています。

④
細々した物もラクに出し入れできるよう、トレーの上にボックスを4つ置いて引き出せるように工夫しました。

⑤
気が付いた時にササッと掃除ができるように、カーペットクリーナーやハンディモップを子ども部屋にも常備。

小学生になったとはいえ、今はまだ親と過ごす時間が長く、宿題をする場所はダイニングで、寝る時も私と同じ寝室のベッドです。ですが近い将来、自分の部屋で過ごす時間が多くなれば、勉強机やベッドが娘の部屋に必要になります。そうなった時のことを考え、今後、様々な用途に使えるオープンシェルフを導入しました。

2段組みのシェルフにした理由は2つ。まず、今の娘の身長を考えると、横にして低く使うのがベストなこと。そしてシェルフを縦にすると、横にした時より幅が短くなるので将来、家具が増えても対応できるためです。

お役立ち ITEM

無印良品のオープンシェルフは、1階・ダイニングでも使用。扉がないぶん、子どもでも出し入れがスムーズにできます。
スタッキングシェルフ・3段×2列・オーク材 幅82×奥行28.5×高さ121cm／無印良品

写真提供：撮影／長谷川健太『子どもがいてもできるシンプルな暮らし』（すばる舎）より

← プライベート用 → ← 幼稚園用 →

① 娘の手が届く場所にポールを設置して、シーズンオンの衣類をかけて。シーズンオフの衣類は上のポールに。

② バッグはファイルボックスに立てて収納。「リュック」「ポーチ」「大きいバッグ」「小さいバッグ」で分類しました。

③ 右側のクローゼット・引き出しには、幼稚園指定の靴下やタイツ、体操着、ハンカチなど幼稚園グッズを収納。

④ 左側のクローゼット・引き出しには、普段用のトップスやインナーなどの衣類、パジャマやバスタオルを収納。

⑤ 何がどこに収納されているかを明確にするためラベリング。表示の言葉は子ども自身が決めるように。

娘の部屋にある2つのクローゼットを、幼稚園時代は「プライベート用」と「幼稚園用」に分けて使用しました。右側の「幼稚園用」には、幼稚園の制服や靴下、体操着、毎日持って行くハンカチやティッシュ、ナフキンなども収納。左側の「プライベート用」には、普段着る衣類や肌着、バスタオルなどを収納しました。

幼稚園時代は「朝、幼稚園への身支度が自分でできるようになる」ことが、収納の目的。ナフキンやハンカチ、ティッシュ、体操着など細々した物は私が前日に用意して。「持ち物まですべて自分で準備できるようになる」ことは、まだ求めていませんでした。

衣類は重ねないで、すべて立てて収納。引き出しを開けた時に、すべての衣類が見渡せれば、娘が洋服選びをスムーズにできます。

← コーディネート用 →　← 衣類以外の物 →

① 使用頻度の低いバッグは、ポールにS字フックをかけて収納。よく使うバッグは家具に収納（29ページ）。

② 立てて収納できる物は、ファイルボックスへ。道具や製作セットなど、小学校で使うアイテムをここに。

③ 小学校に持って行くマスクやナフキン、ガーゼなど、衣類以外のグッズはすべて右のクローゼットへ収納。

④ 扉裏に粘着フックを設置して帽子やベルトを引っかけ収納。設置場所は子どもの身長を考えた高さに。

⑤ 引き出しにはトップス、インナーなどの衣類を立てて収納。絵を描くことが好きな娘が、絵のラベルを作成。

娘は洋服が大好きで、外出する時はいつもコーディネートに時間をかけます。時には、なかなか決まらず、時間ばかりが過ぎることも。そんな娘の性格を知っていたので、毎日私服で通う小学校生活が始まり、スムーズにコーディネートができるのか、心配でした。

そこで、以前まで「幼稚園用」と「プライベート用」に分けていたクローゼットの見直しを。今の課題は、とにかく「毎日のコーディネートを自分で決める」こと。そのため、左のクローゼットは「コーディネート用」にして衣類をすべて収納し、課題をクリアするためだけに使用。

右のクローゼットには、学校に持っていくグッズやプライベートで使うバッグ、思い出の物など、衣類以外の物を収納しました。今、娘は前日の夜のうちに、翌日学校に着て行く洋服を決める習慣ができています。

BEFORE ● 息子の部屋

写真提供：撮影／長谷川健太『子どもがいてもできるシンプルな暮らし』（すばる舎）より

1
身長の計測ができるキリンなど、かわいい動物のウォールステッカーを貼って、部屋を明るい雰囲気に。

2
整理収納の始めの一歩として、まずはざっくり入れるだけでOKの収納に。収納家具は娘のおさがりです。

3
増えがちな絵本は「ここに入る量だけ」と決めて。子どもの手が届く場所に、ブックシェルフに立てて収納。

4
すべり台の下や、おもちゃテントの中も立派な収納スペースに。デッドスペースもムダなく利用します。

5
どの遊びも余裕を持って遊べるように配置。ラグを敷く場所も、すべり台から下りた時を想定して配置しました。

以前の息子の部屋は、ほとんど娘のおさがりで成り立っていました。ケーキ形のおもちゃテント、おもちゃの収納家具、すべり台……、すべて娘が使っていた物。娘が定期的に「物の見直し」をした時に、「もう使わないから、弟の部屋に移動していい」と判断した物ばかりです。「新しい物がなくて申しわけないな」と思いつつも、買い足しはしませんでした。

実際、息子がこの部屋で遊ぶことは少なかった気がします。息子はいつも娘の後をくっついて歩くので、結局は娘の部屋で遊ぶことが多かったのです。使われる頻度の少ない息子の部屋を、どうにかしたいなと感じていました。

クローゼット内はおもちゃ収納に。今、1階・和室の押し入れにある息子の衣類は、息子が幼稚園児になったらこのクローゼットへ移動します。

1
子どもたちの大好きなお絵描きができるよう黒板シートを壁面に設置。空間を圧迫しないのでおすすめ。

2
息子がよく遊ぶ物は、以前も使っていた家具に収納。物の見直しとともに、写真ラベルも新たに作成。

3
有孔ボードを利用して、空間を有効活用。お人形やおもちゃをフックに引っかけて、見せる収納に。

4
おもちゃ遊びのスペースになるよう、もともと娘の部屋にあったおもちゃ収納の家具（28ページ）をここへ。

5
以前、使っていたラグは汚れてしまったので手放して。幼稚園時代、娘の部屋で使っていたラグを移動。

娘が小学生になったのを機に、あまり使われていなかった息子の部屋を思い切って「子どもが遊ぶスペース」にし、今まで娘の部屋にあったおもちゃや、おもちゃの収納家具をすべて、息子の部屋に移動させました。

遊ぶ場所を一ヵ所（息子の部屋）にまとめた理由は、もう1つ。娘が小学生になったことで、「遊び」「勉強」「身支度」「就寝」という4つの行動を、しっかり分けたいと思ったから。小学生になると、特に「遊び」と「勉強」の時間の切り替えが、とても大切。ですが、娘はまだ1年生なので、なかなか切り替えられない時もあります。そこで、「この部屋は何をするためのスペースなのか」、場所ごとに使用目的を決めました。そうすれば、案外、子どもでも切り替えがうまくできるのです。わが家の場合、「遊び」は息子の部屋、「勉強」はダイニング、「身支度」は娘の部屋、「就寝」は私たちと同じ寝室です。

Item Of Kid's Room

子ども部屋のアイテム

わが家の子ども部屋に登場したアイテムをおさらい！
子どもの成長に合わせて、アイテムの見直しをしています。

ここに入る量だけを持つと決めて！

収納家具

収納ボックス

おもちゃ収納として購入。

娘：0歳

初めての出産＆育児、めまぐるしく成長！

絵本の収納

ブックシェルフ

立てるだけでOKのシェルフを。

最初は「入れるだけ」でOK！

娘：1～2歳

とにかくパワフルに動き回ってお遊び。

ここに入るぶんだけ持つように。

引っ越し後もずっと愛用。

娘：3歳

引っ越しとともに部屋をリニューアル。

本棚

20ページに登場！

絵本以外の物も一緒に収納。

おさがり

絵本と一緒に息子の部屋へ。

引き出し

全体が見渡せる引き出しを導入。

おさがり

息子の部屋へ移動しました。

ITEM情報 17ページ

娘：4～6歳
息子：0～1歳

娘が5歳の時に息子が誕生しました！

ラック
※息子の部屋

コの字ラックを逆にして使用。

手放す

スペース上、手放すことに。

手放す

壊れてしまい手放しました。

シェルフ

将来を見据えて長く使える物を。

おさがり

おもちゃごと息子の部屋へ。

娘：7歳
息子：2歳

息子の部屋は遊ぶスペースに変更。

ITEM情報 03

ITEM情報 02

ITEM情報 01

ITEM情報 29ページ

ITEM情報 28ページ

子どものための収納家具や収納用品選びは安易に決めず、「長く使える物なのか」「次の子ができた時、性別が違っても使える物か」「子どもが手にとっても安全な物なのか」など、じっくりと考え決めるようにしました。収納家具に関して言えば、必要最低限の物だけをそろえるように。おもちゃが増えたら増えたぶんだけ収納家具を増やすのではなく、限られた空間でも快適に過ごせるように、「ここに入る量だけを持つようにする」ということを心がけました。家具もおもちゃも、多ければいいわけではなく、本当に気に入った物を持ち、遊べるスペースを確保することも大切です。

お役立ちITEM

- 01 na-KIDS ブックスタンド／インテリアショップ atom
- 02 TROFAST フレーム、棚板（2ピース）／イケア
- 03 アクリル仕切棚 約幅26×奥行17.5×高さ16cm ／無印良品
- 04 ジョイントマット ドット 8枚組 グリーン ホワイト／シービージャパン
  ※1枚あたりの大きさ：幅30.5×奥行30.5×厚さ1cm
- 05 ツリーデザインラグ 円形150cm ／ LUMOS
- 06 ポリエステルカットパイルラグ グリーン／無印良品　※円形にオーダー
- 07 ウォールステッカー サイケ蝶々／ harry EASY DECO TILE
- 08 オーク材ミラー・大 幅44×奥行33×高さ150.5cm ／無印良品
- 09 張って剥がせるブラックボードシート 2m×45cm ／ EMPT
- 10 有孔ボード 白(4x900x1800) ／ DIY木材センター

将来長く、
使える物を
選びます！

マット・ラグ

マット

キッズスペース
に敷き詰めて。

↓

クッション効果
で転んでも安心。

↓

ラグ

イケアのかわいい
ラグを購入。

↓

おさがり

息子の部屋に
移動させました。

↓

おさがり

リニューアル時
息子の部屋へ。

ITEM情報 05

引っ越し後も
ラグと併用。

↓

手放す

部屋の見直し
とともに。

ITEM情報 04

ラグ

寝転んだりゴロゴロ
できてGOOD。

↓

手放す

汚れてしまい
手放すことに。

ITEM情報
イケア ※販売終了

ラグ

少し大人っぽい
グリーンを選択。

ITEM情報 06

その他アイテム

ステッカー

ウォールステッカーで華やかに。

ITEM情報 07

全身鏡

洋服選びを
楽しめるように。

ITEM情報 08

息子の部屋

33ページに登場！

有孔ボード

フックをかけて
見せる収納に。

ITEM情報 10

24ページに登場！

黒板シート

壁に貼って
絵を描く場所に。

ITEM情報 09

整理収納RULE

おもちゃ、子どもの作品や絵、プリント類……子どもが増えると、物の数もグンと増えますよね。

子どもの物を整理するのは、なかなか難しいもの。私も、サイズアウトしたけど思い出がいっぱい詰まった娘の服や、2人目を考えた時におさがりとして使えそうな物を手放すことができず、どのように整理したらいいのか悩みました。ですが、自分の中でいくつかルールを決めると、整理収納がスムーズにできたのです。

これまで私が経験し、自分の中で決めた「整理収納ルール」をいくつか、ご紹介したいと思います。ぜひ、皆さまもご家庭にあった「整理収納ルール」を見つけていただければと思います。

Labeling

おもちゃや文房具を分類して収納したい！子どもの年齢に合わせたおすすめの**ラベリング方法**は？

▶38ページ

Siblings

年齢差のある2人の子、
できること・できないことがそれぞれ異なるけど、整理収納はどうすればいい？

▶42ページ

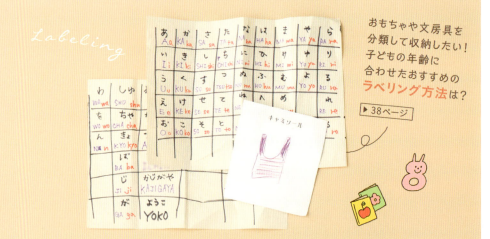

Hand-me-down

次の子にそなえて
おさがりを残したい。
手放す物と残す物は、
どう分類したらいい？

▶ 44ページ

幼稚園や小学校、
町内で配られる**プリント。**
毎日のように増える紙類を
うまく仕分けしたい！

▶ 46ページ

Paper

Those of Memories

子どもの作品や洋服etc.
なかなか手放せない
大切な**思い出の物**たち。
おすすめの収納法は？

▶ 40ページ

整理収納 RULE

年齢に合わせて「ラベリング」する

始めは子どもにとって、整理収納はあまり楽しいものではないかもしれません。ですが、整理収納をわかりやすく伝えていけば、いつしか子どもにとって楽しいものに変わると思います。

それは、ラベリングも同じ。まだ0〜2歳の時は、親である私がラベルをつくって、「おもちゃさんたちを、〝おうち（＝収納場所）〟に帰してあげてね！」など、子どもに伝わる言葉を選んで「声かけ」をなるべくたくさんするように心がけました。ですが3歳を過ぎると、「自分でやることが、何でも楽しい」という時期になりますよね。そこで、遊び感覚で一緒にラベルをつくることが、子どもが「整理収納って楽しい！」と感じるきっかけづくりにもなるのです。どんな言葉で表示するか、どんな貼り方をするかなど、あれこれ考えるのが子どもにとって、とても楽しいようです。

不思議なもので、自分一人でつくるより、子どもと一緒のほうが楽しさは倍増します。子どもでも、かわいいラベルがつくれるとモチベーションが上がるんですよね。娘はいつも、私がつくったローマ字表を見ながらラベルを作成しています。「テプラ」を使って好きな書体を選んだり、好きな絵柄を選んだり。できると「見て見て！」と自慢しています。

分類方法

ラベリングの前に、収納する物を分類します。

衣類

「上にきるもの」「下にきるもの」「タオル」「靴下」など、アイテムごとに分けて。

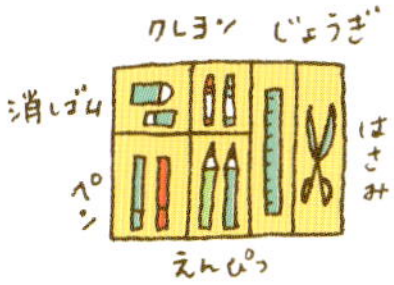

文房具

全体が見渡せる引き出し収納がおすすめ。アイテムごとに細かく仕切って。

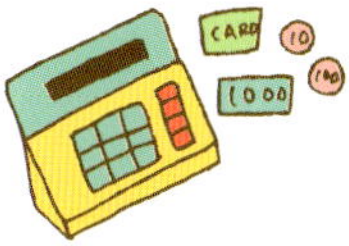

おもちゃ

「レジあそび」なら、レジ・お金・カードなど一緒に遊ぶ物はセットで収納。

ラベリング方法

子どもの年齢に合わせてラベリング方法を変更。

子ども自身がつくる

字が読めるようになると、ラベルづくりをさらに楽しめるように。親のサポートなしでも、自分でどんなラベルにするか考えます。「よくできたね！」とほめてあげて。

親子で一緒につくる

子どもの意思がハッキリし始めたら、子どもに主導権を預けつつ、一緒にラベルづくりを。子ども自身に好きな柄や方法を選ばせることで「整理収納＝楽しい」と感じさせて。

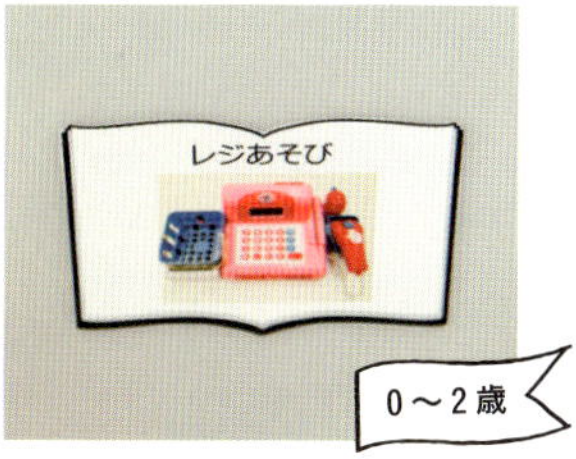

ビジュアルで見せる

まだ字の読めない時期は、収納している物を写真に撮って、それをラベルにする方法がおすすめ。写真を何度も目にすることで、「ここに入っているんだ」と覚えます。

お役立ち ITEM

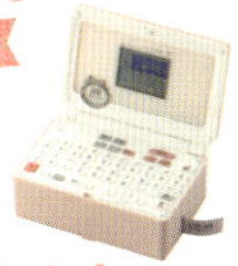

［ラベルプリンター］

好きな絵文字や書体でラベルづくりが楽しめます。娘もお気に入り。

ラベルライター「テプラ」PRO SR-GL1（通称：ガーリー「テプラ」）シェルピンク／キングジム

ラベリングに正解なし！色々な方法を試してみて

ラベリングは、様々な方法があります。例えば、色々な部屋で同じ掃除グッズを使う場合。「リビング」や「子ども部屋」など、使う部屋を表記したラベルを掃除グッズに貼れば、交ざってしまうこともありません。ご家庭にあったラベリングを。

整理収納 RULE

「思い出の物」を整理収納する

思い出の物は「今、使っている・使っていない」では、判断できないもの。賞味期限があるわけでもないので、いつ手放すべきなのかがハッキリできませんよね。一緒に暮らす家族であっても、思い出の価値は違いますし、その物を持っている本人にしかわかりません。だからこそ、思い出の物を整理収納する時は、必ず本人がその物と向き合うことが大事です。

娘が幼稚園児のころ、毎日のように小石を持って帰って来る時がありました。私としては、石が家の中に転がっているのも危ないですし、家の中で使う物ではないので、自宅の庭に出していたのです。ある日、娘が「お母さん、今までの石は?」と聞いてきました。私が「庭に出したよ」と答えたら、娘は「あれは友だちがくれた魔法の石なのに!」と泣き出したのです。私にとってはただの石でしたが、娘にとっては友だちとの思い出が詰まった大事な石だったのです。それからは、どんな物でも必ず娘に聞いてから判断するようになりました。

子どもができると、子どもがプレゼントしてくれた手紙や絵などは、私たち親にとって宝物になりますよね。子ども自身が「もうなくてもいい」と判断しても、「子どもの成長記録だし……」と思って、なかなか手放せないのは私たち親だったりします。

STEP.1 向き合う

まずは残すか、手放すかを考えます。この時の大前提は、必ず持ち主が行うこと。

• POINT.1 •

「心」も大事な収納場所

残す・手放すの基準は、「心の保管箱」に移せるかどうか。その物自体が存在しなくても、心の中にあるから大丈夫と思えたら手放せます。

• POINT.2 •

「親」が手放せない場合

子どもが「もう手放していい」と言ったのに、親の気持ちで手放せないという場合もあります。その時は、親が持ち主となって向き合って。

STEP.2 分類する

「残す」と決めた思い出の物は、次に分類を。わが家の分類方法を紹介します。

家族共有の物

旅行の思い出など、家族が共有する物。子どもの作品やサイズアウトした服など、親が手放せられない物もここに分類。

子どもの物

子どもが友だちからもらった手紙やプレゼントなど、子ども自身が大事にする物。

親の物

結婚前の思い出の品、いただいた手紙など、大切に残しておきたい親の所有物。

STEP.3 収納する

分類した思い出の物は、それぞれ収納します。定期的に見直しを忘れずに。

すぐ手に取れる場所へ

家族みんなが、すぐ手に取れる場所に保管。しまい込むと、あることすら忘れてしまう恐れも。

子ども部屋へ

子ども部屋や、子ども専用の収納スペースに保管します。

寝室や押し入れへ

寝室や押し入れなど生活する上で空間を圧迫しない場所に。

整理収納 RULE

「年齢差のある姉弟」を育てる

娘が2歳になったころ、「妹弟をつくってあげたい」と思うようになりました。ですが、不妊治療をしても授かることができず……。「もう2人目はあきらめよう」と思った時、奇跡が起こり、娘が5歳の時に弟ができました。

息子が生まれた時、娘は「赤ちゃん返り」をしました。今までは自分でやってくれたことも、「お母さんやって」と言ったり、息子を授乳している時に限って「お母さん抱っこして」と言ったり……。赤ちゃんのお世話と、赤ちゃん返りをした娘の相手を、最初はどうすればいいのかわからず迷いました。

そんな私に、アドバイスをくれたのは母や、年の差姉弟を持つママたちでした。「赤ちゃんは少しくらい泣かせていても平気。今は、上の子を何でも優先してあげないと」と。「それからは、娘が「抱っこ」と言えば、息子を横にならせて娘をギューッと抱っこするようになりました。

その他にも、年齢差があるので、娘の物と息子の物をどのように分けて管理すればいいのかも、大きな悩みでした。5歳も違うと、できること・できないことが、まったく異なります。それぞれの年齢に応じた収納法を見つけつつ、どうすれば2人が同じ空間にいられるのか……現在進行中の私の課題でもあります。

0-2歳

特徴

- 親の声かけや、サポートが必要な時期。
- 目に入る物は何でも手に取り、口に入れる。
- 1歳は「自分でやりたい!」という意思が芽生える。

3-5歳

特徴

- 物の名前がわかり、字が読めるようになる。
- 「区別する力」が身に付き物を分類できる。
- 「使っている・いない」の判断ができる。

POINT.1

物の出しっ放しはNG

何でも手に取る小さい子がいる限り、物の出しっ放しは避けます。下の子の手が届かない高さなら、出しっ放しはOK。

POINT.2

子どもが一人で出し入れできる収納を

下の子に合わせて物をしまい込むので、上の子のためにラクに出し入れでき、どこに何があるのかがわかる収納法を。

POINT.3

割れない収納用品を使用

プラスチック製や段ボール紙など、上の子も下の子も触って安全な収納用品を。落としても割れない物を選びます。

子どもが一人で出し入れできる収納法

ワンアクションで取れる

おもちゃや絵本など安全な物は、子どもがワンアクションで出し入れできる収納法を。例えば、おもちゃは入れるだけのボックス、絵本はコの字ラックを逆さに置いて立てて収納するなど。

ラベリングは基本

「どこに何があるのかわからない」というストレスをなくしてくれるのが、ラベリング。子どもの成長に合わせたラベリング方法(38ページ)で、子どもが一人で出し入れできるように。

中身が見える収納用品を

中身が透けて見える収納用品だと、子どもでもわかりやすいのでおすすめ。ただ、中身がハッキリ見え過ぎると雑然とするので、模様入りや半透明のアイテムを愛用しています。

整理収納 RULE

次の子にそなえて「おさがり」を残す

娘に関しては初めての子育てだったので、肌着は何枚必要で、洋服はどれくらいあればいいのか、想像がつきませんでした。一人目の子どもで、しかも女の子ということもあり、「あんな洋服も着せてみたい」と、必要以上に物を購入していた気がします。

私の両親にとっても、娘は初孫だったので、たくさんの洋服をプレゼントしてくれました。当然、あっという間に衣類が増えましたが、子どもの成長は早く、購入した洋服を着られる期間は本当にわずか。

しかも、サイズアウトした娘の洋服を、なかなか手放すことができませんでした。きっとそれは、「初めての子育て」という思い出が、洋服に詰まっていたから。「捨てちゃダメ！」と誰かに言われたわけでもないのに、娘の洋服を手放せないのは、私自身でした。

そして、あるもう1つの思いが私の中にあり、洋服を手放すことができなかったのです。それは、「2人目の子どもが生まれた時に、おさがりとして使えるかもしれない」という思い。「もしも、女の子が生まれたら、同じ物を着せてあげられる！」なんてことを、ずっと思っていたのです。とは言っても、自宅の収納は限られているので、どういう残し方をすれば今の生活に支障がなく、自分自身が納得できるかを探しました。

STEP.1

次の子を待っている時

次の子を待っている時は、なかなか衣類を手放せないもの。ですが、ルールを決めて残して。

残す：ルールを決めて残す

手放す：汚れの激しい物は手放す

STEP.2

性別がわかったら……

次の子の性別がわかったら、残していた衣類の中から性別に合う物だけ残しましょう。

残す：ルールを決めて残す

手放す：性別の異なる物は手放す

STEP.3

1歳を過ぎたら……

次の子が1歳を過ぎると、「その子に合った洋服」が出てくるもの。年齢に合わせて見直して。

残す：ルールを決めて残す

手放す：その子に合わない物は手放す

おさがりを残す時のルール

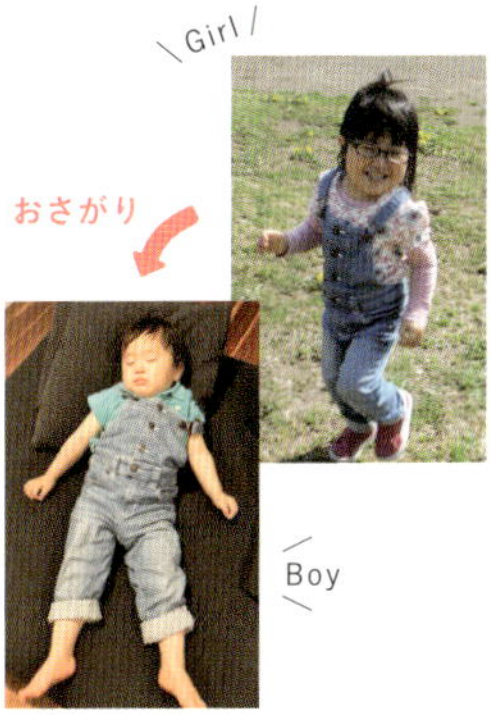

性別を問わない衣類を優先

次の子の性別が、どちらかわからない時は、「どちらでも着られそうなデザイン」の衣類を最優先で残すのがおすすめ。性別がわかった時点で、また見直して。

アイテム別に分けて残す

「靴下」「Tシャツ」など、衣類をアイテム別に分け、その中で「穴が開いていない」「状態のいい物」など基準を決めて、1週間ぶんずつ残していく方法がおすすめ。

収納場所に入る量だけ残す

押し入れやクローゼットの中で「おさがり専用のスペース」を決めます。そして「おさがりは、ここに入るぶんだけ残す」と決めれば、その後の管理がスムーズにできます。

整理収納 RULE

「プリント」を分類・見直しする

整理収納する上で、ため込むと一番たいへんな物のナンバーワンが「紙類」だと思います。

理由は、紙類を整理収納する時、書いてある文章に目を通してから、「必要なのか・不要なのか」を判断しなければならないから。ため込んだ紙類すべてに目を通すのは、相当な時間がかかりますよね。だからこそ、紙類は「家に入り込んだら、すぐに仕分けができるしくみづくり」を心がけています。

この春からは、新たなジャンルの紙類が増えました。それは、小学生になった娘のプリント類。保護者向けのプリントや授業で使ったプリント、イベントのお知らせ……。

毎日、娘は学校から、様々なプリント類を持って帰ってきます。もし、このプリント類を放っておいたら「紙類がたまる」という問題だけでなく、小学校の大事な行事を忘れたり、宿題を忘れたり、色々な問題が起こりかねません。

なんせ、6年間続けなければいけないこと。いかにシンプルに、そしてラクに続けられるかを考えました。

お役立ち ITEM

［クリアファイル］
ポリプロピレンクリアケース A4用・10枚入／無印良品

［2穴ファイル］
再生紙2穴ファイル 50mm パイプ式 A4・金具幅50mm・ダークグレー／無印良品

プリントの分類

① 提出期限があるプリント

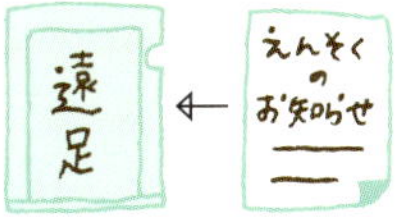

ex
- 遠足のお知らせ
- 集金に関すること
- 運動会について
- マンスリー予定

クリアファイルに入れて、常に目に入るダイニングテーブルの上へ。部屋をスッキリさせることよりも、忘れないことのほうが大事です。

② 保護者向けのプリント

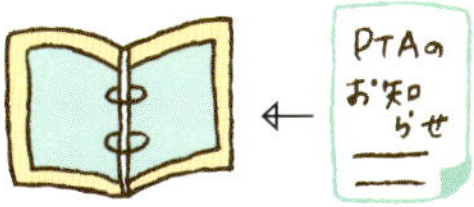

ex
- PTAのお知らせ
- 緊急連絡網
- 入学のしおり
- パトロール表

保護者向けのプリントは、目を通したら2穴ファイルへ。必要がなくなったらビリッとやぶって取り除けばOKなので、管理がラクです。

③ 授業のプリントやテスト用紙

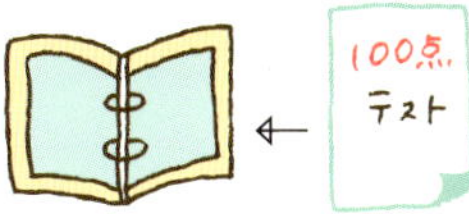

ex
- テスト用紙
- 練習プリント
- 絵日記
- 国語の作文

授業のプリントやテスト用紙は、教科ごとにファイルを分けると細か過ぎて管理がたいへんなので、持ち帰った順番にファイリング。

④ 一度目を通せばOKのプリント

ex
- 地域イベントのお知らせ（行かないイベント）

一度読めば頭に入るような内容の保護者向けのプリント、行く予定のないイベントのお知らせなどは、迷わずシュレッダーにかけて。

プリントを見直すタイミング

① 提出期限があるプリント

提出期限がある物は提出したタイミングで処分、遠足などの行事のプリントは、その行事が終わったらすぐに処分。

② 保護者向けのプリント

1ヵ月ごとに見直し。学校生活に関するプリントは頻繁にもらい、内容も似ているので最新版を残すようにして。

③ 授業のプリント etc.

学期が終わるごとに見直し。子どもと一緒に見直して、子どもが「取っておきたい！」と言う物はそのまま残します。

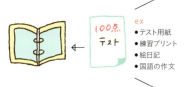

おすすめ item

家事のお役立ちグッズ

家事をスムーズにしてくれる、私の強い味方たち。
使い勝手、デザイン、サイズetc.心から気に入った物を。

フタ

フタを貼り付けて乾燥をしっかり防止。お尻ふきと手口ふき、それぞれフタの色を変えて使用しています。

ひらけ！フタップ／赤ちゃん本舗

洗濯ネット

下着やシャツなど、型くずれ・襟元の伸びが気になる衣類は分けて洗濯を。プリント入りのかわいいネットが娘もお気に入り。

ランドリーネットlingerie、cylinde／3COINS

ストッパー

輪ゴムで止めるより断然、便利。プラスチック製で、子どもでもラクに使えるのでおすすめです。

BEVARA 袋止めクリップ30個セット アソートカラー アソートサイズ／イケア

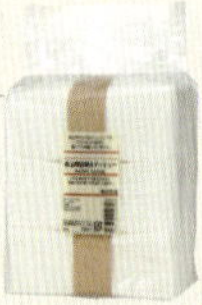

ティッシュ

わが家で使用するティッシュは、すべて無印良品。3個セットのストックは、すぐ補充できるようパッケージから出して収納しています。

卓上用詰替えティシュー
枚数：300枚（150組）×3個入／
無印良品

アルコール

除菌＆消臭の機能性はもちろん、シンプルなパッケージデザインもお気に入り。出しっ放しにして見せ収納したくなるスプレーです。

ジェームズマーティン フレッシュサニタイザー 500mlトリガータイプ／㈱ファーストコレクション

テーブルクロス

ダイニングテーブルに傷が付くのを防ぐ役目も果たしてくれます。

右：LJUDA プレースマット ストライプ ブラック／ホワイト
左：PÅBÖRJA プレースマット 模様入り ターコイズ／ともにイケア

歯ブラシスタンド

私と主人の歯ブラシ用に。洗面台に立てても場所を取らず、スッキリしたデザインで出し入れもラクになる、お役立ちアイテムです。

白磁歯ブラシスタンド 1本用 約直径4×高さ3cm／無印良品

吸盤タイプの歯ブラシ

底が吸盤タイプになっている、うさぎとくまの自立式歯ブラシ。子どもがおもしろがって、シンクに立たせて管理してくれるので大助かり。

うさぎさん歯ブラシ、くまさん歯ブラシ／3COINS

識別リング

シャンプーやリンスなどのボトルの口にかけて、色で識別できるアイテム。色分けすれば子どもでも、ひと目でわかるので便利。

PET詰替ボトル用 識別リング 3色入・シリコーンゴム／無印良品

RECIPE
02

家族の動線に
合わせた整理収納

整理収納のヒントは、家族の行動の中に隠されています。
ここでは、起床から就寝まで、わが家の１日を追いながら、
母・娘・息子の動線に基づく整理収納の工夫をご紹介。
「わが家に合った整理収納」が見つかれば、グッと快適になります。

梶ヶ谷家の1日

「わが家に合った整理収納」を見つけるヒントは、毎日の行動の中にあります!

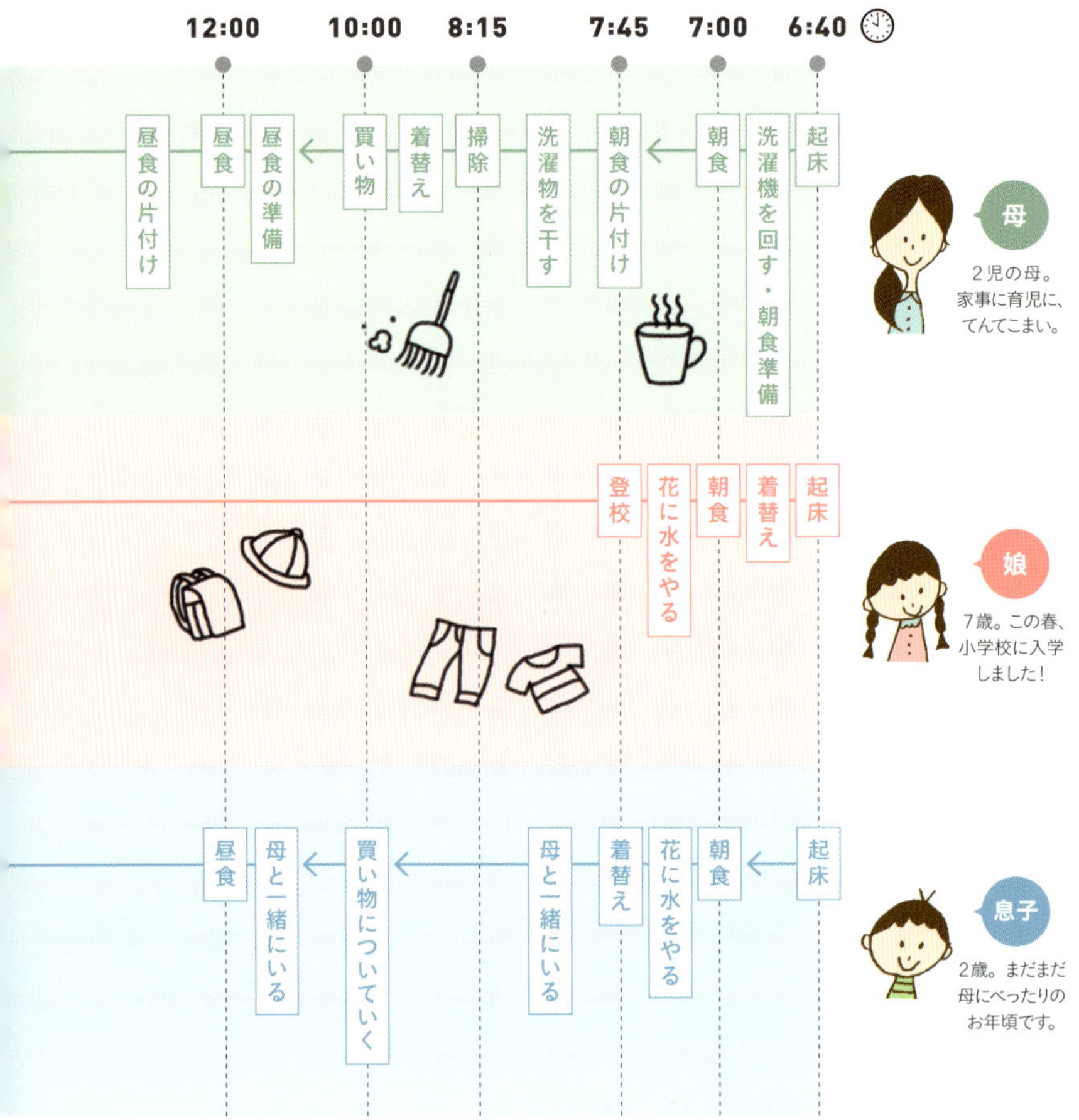

育児・家事・仕事をしていると、1日があっという間。子どもが生まれ、さらに2人目が生まれてからは、ものすごい早さで毎日が過ぎているように思います。

特に平日の朝、娘が登校するまでは時間との闘い。主人は準備をすべて自分でやってくれ、朝早くに出勤するのでとても助かっているのですが、子どもたちのお世話や家事が盛りだくさん。洗濯機を回して、息子のオムツ替えを済ませて、朝食をつくって……と、やること満載です。ですが、忙しい毎日を手助けしてくれるものこそ、「整理収納」だと、私は思っています。

子どもたちの1日の行動は、一緒にいるからこそわかること。その行動の中に、実はたくさんの整理収納のヒントが隠されています。「どこで、何を必要としているか?」「どんな収納なら『自分でやれる』の

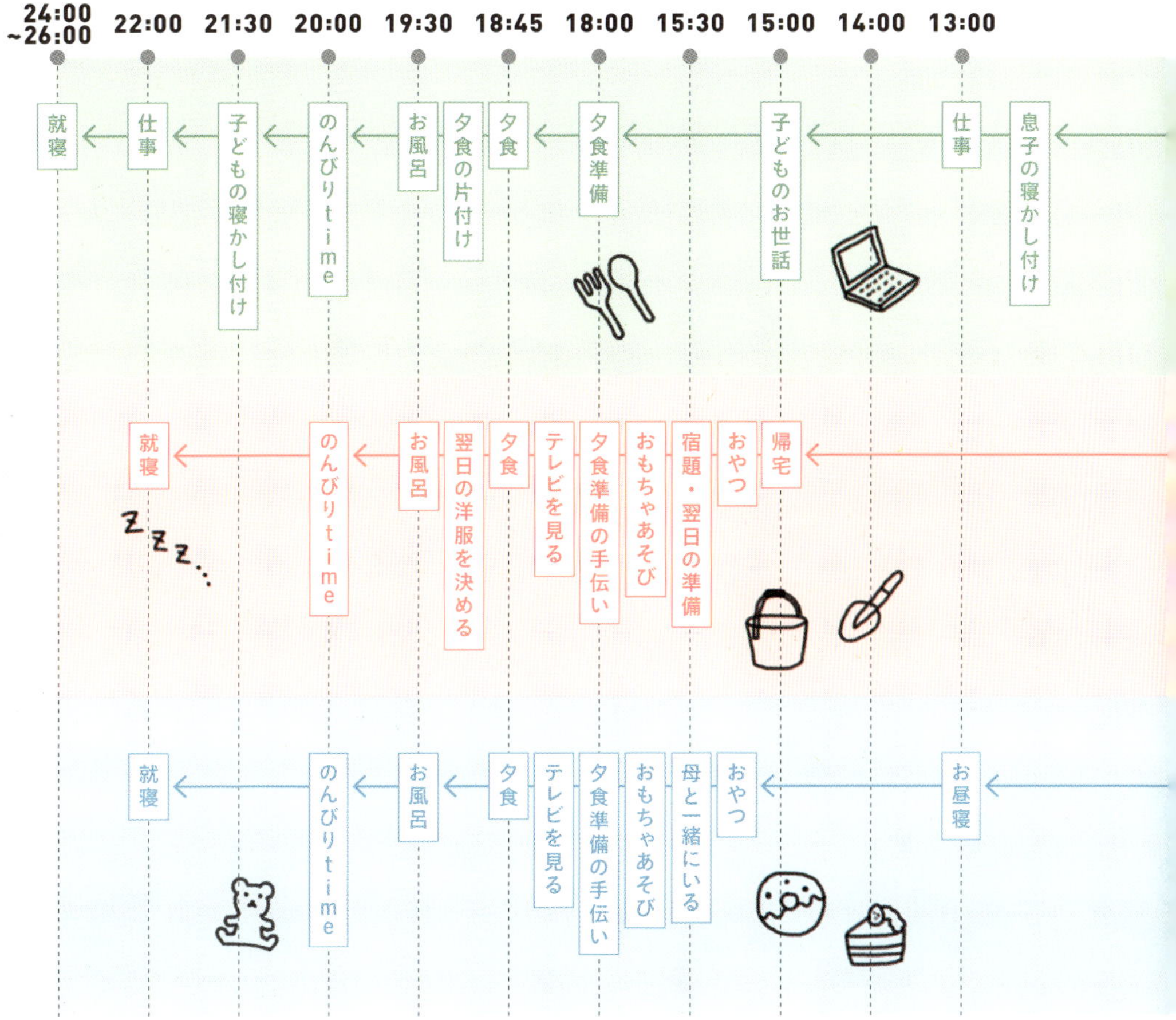

か？」。子どもたちを観察すればするほど、「わが家に合った整理収納」が見えてきます。そして、「わが家に合った整理収納」を見つけ出すことは、自分がラクすることにもつながるのです。

7歳の娘は、身の回りのことをほとんど一人でやってくれます。「一人でやってね！」と言ったわけではありません。娘の行動に合わせた整理収納が、そうさせてくれているのだと思います。そして、「必要な物を自分で出し入れできる」というのは、子どもにとってもうれしいことなんだと思います。

次のページから
梶ヶ谷家の１日、
順番に見ていくよ！

am
6:40～

起床・着替え

今日も1日、元気にスタート！
まずは、身支度を済ませて。

小学生の朝は案外、早起き。朝、アラームが鳴ったら私が起こして、娘の1日が始まります。小学生になってから大きく変わったことは、毎日私服に着替えて通学すること。幼稚園時代は決められた制服だったので、準備もラクでした。

でも、コーディネートが大好きな娘は、私服がうれしい様子。前日の夜に決めた洋服は、カゴの中に入れて娘の部屋に置いています。翌朝、そのカゴを持って1階のリビングへ移動。着替え場所は、いつもリビングです。

娘の髪を結うのもリビングで。ヘアアクセサリーは、リビングのテレビボードに収納しています。

着替えの流れ

❶ お手洗い＆洗顔　トイレ・洗面所

おはよう！ 眠い目をこすりながら、まずはお手洗い＆洗顔を済ませて。

⇩

❷ 洋服のピックアップ　娘の部屋

洋服が入ったカゴをピックアップしたら、１階のリビングへ移動します。

⇩

❸ 着替え　リビング

リビングでカゴの中の洋服を取り出し、パジャマから洋服にお着替え。

⇩

❹ 髪結い　リビング

着替えが終わったら、私が娘の髪結いを手伝ってあげて、身支度完了！

POINT

「娘専用のカゴ」を使用

脱いだパジャマは、カゴの中に入れて階段下に置いておきます。登校後、私が２階へ上がるついでに、カゴごと娘の部屋に戻しておけばOK。

POINT

ヘアアクセサリーの収納法

娘が自分で選べるようラベリングして、取り出しやすいテレビボードの手前に配置。場所を取るカチューシャは、扉専用フックに引っかけ収納。

幼稚園時代の着替え

幼稚園時代は、娘の部屋のクローゼットに幼稚園の制服を収納していたため、娘の部屋で着替えていました。制服や小物などの幼稚園グッズはクローゼットの右側にまとめて、身支度がスムーズにできるように。小学生になってからは「朝はリビングで着替えたい！」という娘の要望で、着替え場所を変更しました。

写真提供：撮影／長谷川健太『子どもがいてもできるシンプルな暮らし』（すばる舎）より

am 7:00~

朝ごはん

キッチン回りの整理収納を工夫して
朝ごはんの準備をスムーズに!

小学生の娘だけじゃなく、2歳になる息子のお世話もあるので、朝は本当にバタバタ。息子を抱きかかえて娘と一緒に1階に下り、朝食の準備に取りかかります。

この時、助かっているのは、娘が身支度をほとんど自分でして、身支度が終わると息子の相手をしてくれること。おかげで、私は朝食の準備がスムーズにできます。ですが、息子の機嫌が悪い時は、常に抱っこの状態なんてことも。

そこで、わが家の朝食はカンタンに準備できるパン食です。準備はいたってシンプル。「何パンがいい?」と娘に聞いて、リクエストに応えたパンを準備し、飲み物とヨーグルトを一緒に出せば準備完了!

朝のバタバタを解消する！

…

キッチンのしくみ

お皿＆コップ　食器棚

よく使う食器は、腰から目線の高さで一番、出し入れがラクな手前に配置。子どもでも出し入れできるように、なるべく重ねず。

パン＆トースター　食器棚

引き出せる食器棚に、コーヒー・パン・トースターを収納。パンとトースターを隣同士に置けば、身動きが少なくて済みます。

子どものカトラリー　コンロ下

娘も息子も手が届くよう、引き出しの手前に入れて。危険な物ではない限り、子どもが自分でも出し入れできるしくみに。

ジャム＆ヨーグルト　冷蔵庫

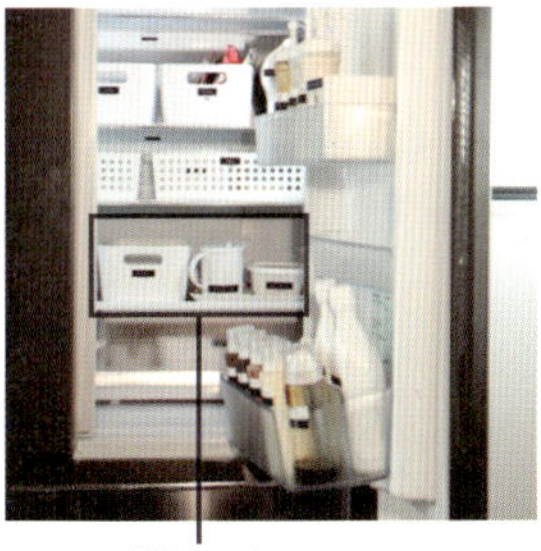

右スペース（利き手側）に朝食セットをまとめて置き、片扉だけ開けた状態で取り出せるように。時短にも、節電にもなります。

時短のコツは「ワンセット」

仕切り付きボックスでワンセット

写真提供：撮影／長谷川健太『子どもがいてもできるシンプルな暮らし』（すばる舎）より

息子がまだ離乳食だったころは、お食事アイテムをボックスに入れて、まとめて収納。食器棚のパンの横に置いていました。

トレーでワンセット

パンに塗るバターやジャムは、トレーに載せて冷蔵庫に。トレーごと出し入れできるので、準備も片付けもスムーズです。

am

7:25～

水やり・登校

水やりを済ませたら準備を。
忘れ物はないか、よーくチェック！

朝

食後の歯磨きは、リビングで。洗面所は2階ですが、わざわざ2階に行くのは面倒。そのため、子どもの歯ブラシは洗面所とキッチンの2ヵ所に置いています。

歯磨き後は、庭の花に水やり。庭に花を置きたいと言い出したのは、娘でした。「毎日、ちゃんとお水をあげる」と自分で決め、毎朝の日課にしています。お水をあげた後は荷物を取り出して、いよいよ学校へ。忘れ物がないか、必ずランドセルの中身を確認して。

1階の歯ブラシは、裏に吸盤が付いた物。シンク上に出しっ放し、来客時は一時的にしまいます。

POINT

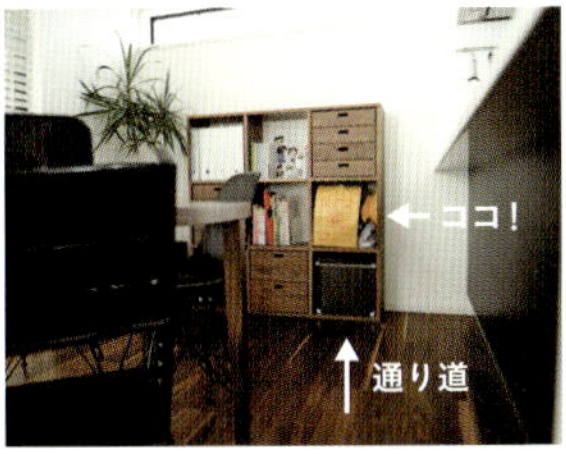

子ども目線の収納場所

ランドセルの置き場は娘の希望で、ダイニングシェルフの右列２段目に。理由は「通り道があって出し入れしやすい場所だから」とのこと。

幼稚園時代の支度

幼稚園時代、バッグと帽子は玄関の棚に収納。その前は娘の部屋に収納していたのですが、何度か帽子を忘れたことがあったので、靴を履く時、目にする玄関の棚に移動しました。

写真提供：撮影／長谷川健太
『子どもがいてもできるシンプルな暮らし』（すばる舎）より

支度の流れ

❶ 後片付け・歯を磨く キッチン

朝ごはんの食器をシンクに戻したら、そのままキッチンで歯磨きを。

⇩

❷ 花に水をあげる 庭

庭に出て花に水やり。子どもたちにも役割を持たせてあげます。

⇩

❸ 荷物を取り出す ダイニング

出発10分前には荷物を取り出して、忘れ物がないかダブルチェック。

⇩

❹ 靴を履く 玄関

登校班の集合５分前には下駄箱から靴を出して履き、いざ出発！

1階 | FIRST FLOOR

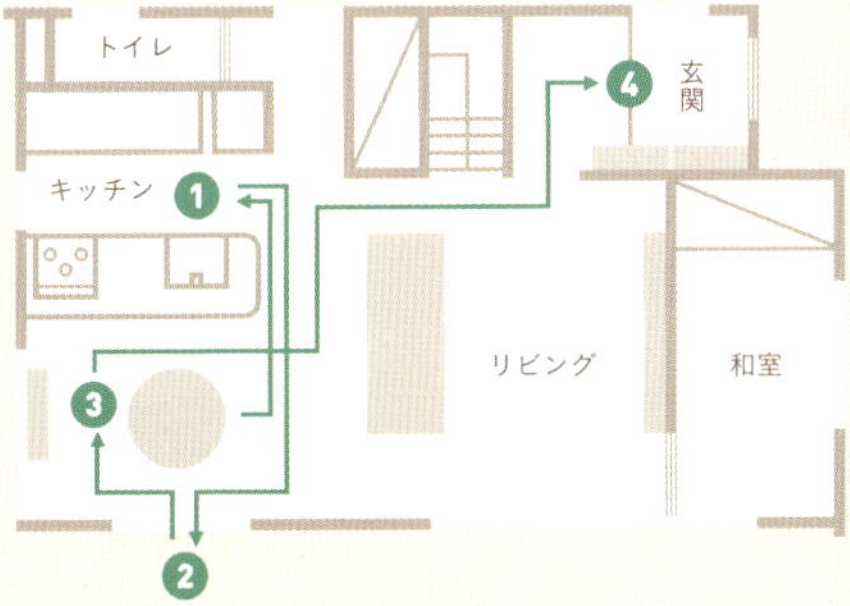

支度の流れ

❶ 後片付け・歯を磨く
❷ 花に水をあげる
❸ 荷物を取り出す
❹ 靴を履く

それぞれの専用ジョウロで水やり！

☑ 流れのポイント

ダイニングの丸いテーブルは、四方に通り道が確保できるだけのゆとりが取れるのでお気に入り。家族の通り道には物を置かず、スムーズに行き来できるように。

am

7:45～

息子のお世話

お着替え、オムツ替え、お昼寝etc.
2歳になる息子のお世話は大忙し！

娘が朝食を済ませ、学校へ送り出したら、私と息子の時間が始まります。

2歳の息子は、まだまだお話しできないけれど、私からたくさん声かけするようにしています。そのかいあってか、「オムツ、替えようね」と言えば、息子は和室にオムツを取りに行き、「お着替えしようか？」と言えば、自分が着たい洋服を取り出して、持って来てくれるように。

ですが、2歳になってからは「こらっ！」と大声を出して、怒ることも多くなりました。投げちゃいけない物を投げたり、食事中にごはんをひっくり返したり……。育児は本当に体力勝負だなと感じながらの毎日です。

お世話の流れ

❶ 和室
着替え
息子の衣類はリビングから近い和室の押し入れに収納しています。

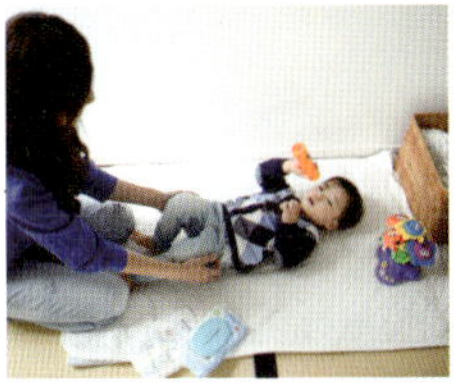

❷ 和室
オムツ替え
「ゴロンして」と私が声をかけると、息子は横になってくれるのでラク。

❸ ダイニング
お昼ごはん
お昼ごはんはダイニングで。落としても割れない食器&カトラリーを。

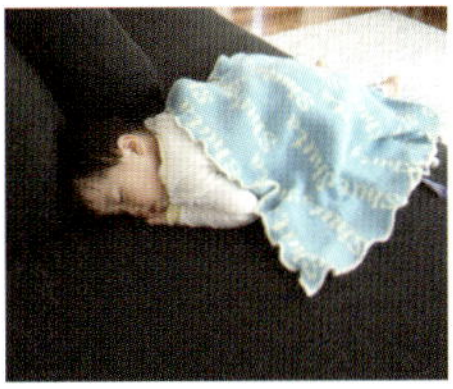

❹ リビング
お昼寝
お昼寝は、私の目が届くリビングのソファで。私はダイニングで仕事。

POINT

洋服はすべて立てて収納

「お出かけしよう！」と声をかけると、洋服を取り出す息子。洋服は子どもが出し入れしやすい低い位置に、一目でわかるように立てて収納。

POINT

お世話セットの置き場所

1階でオムツ替えをする時は、和室に敷いたシートの上で。息子の着替えも近くにあると便利なので、和室の押し入れに収納しています。

1階 | FIRST FLOOR

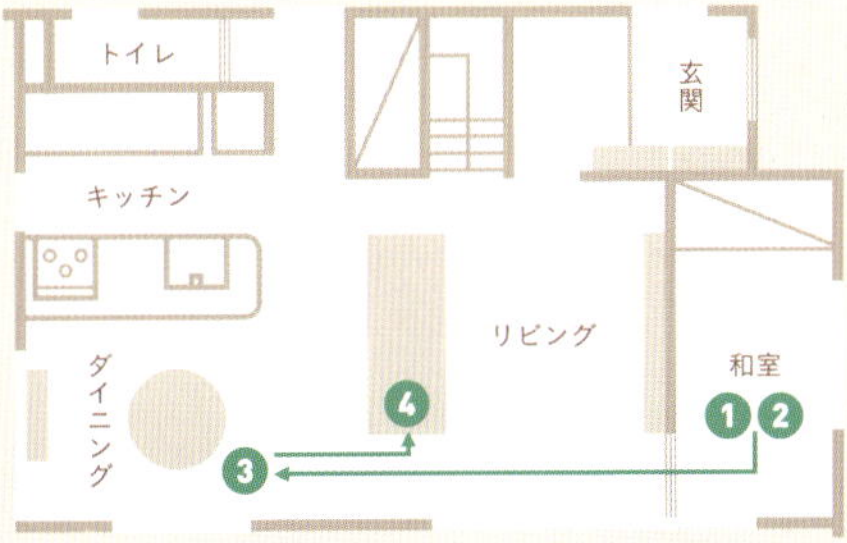

お世話の流れ

❶ 着替え
❷ オムツ替え
❸ お昼ごはん
❹ お昼寝

娘が登校した後、息子のお着替え！

☑ **流れのポイント**

息子のお世話はリビングが中心。着替えやオムツの替えは、リビングに近い和室に収納。お世話する場所と収納場所が近いと、行き来が少なく済んでラクです。

家事・洗濯

「洗濯機から出す→干す→取り込む」はなるべくシンプルな動線にするとラク！

「朝」の動きがその日を左右する」と言っても過言ではないくらい、私にとって朝の時間はとても大事。起床とともに洗濯機を回して、娘を送り出すと同時に洗濯物を干し、ベッドメイキングをして……午前中はフル稼働。

「すごいね！」と言われますが、全然そんなことはなくて。面倒なことは早く済ませて、自由な時間を持ちたいだけ。家事も後回しにすると、余計に面倒になるので、先に済ませようと思っています。

洗濯物入れのカゴは折りたたみ、ハンガーが入ったボックスにまとめてクローゼット内に収納。

洗濯の動線

❶ 洗面所

洗濯機を回す

朝、起きたらすぐに洗濯機をスイッチオン！その間に朝食の準備を。

❷ 洗面所

洗濯物を取り出す

娘を学校へ送り出したら、洗濯物を取り出してカゴの中へ入れます。

❸ 寝室

寝室へ移動する

洗濯物を入れたカゴ&ハンガーが入ったボックスを持って、寝室へ移動。

❹ 寝室

ハンガーにかける

寝室のチェストにボックスを置き、洗濯物をハンガーにかけていきます。

❺ 寝室

洗濯物を干す①

洗濯物をかけたハンガーは腕にかけ、ある程度たまったらベランダへ。

❻ ベランダ

洗濯物を干す②

人別&アイテム別に並べて干せば、後で取り込む時の作業がスムーズ。

❼ 寝室

衣類を取り込む

衣類は主人、私、娘、息子など人別に分類しながら取り込みます。

❽ 寝室

衣類を仕分ける

人別に分けたら、次にトップス、ボトムスなどアイテム別にして仕分け完了。

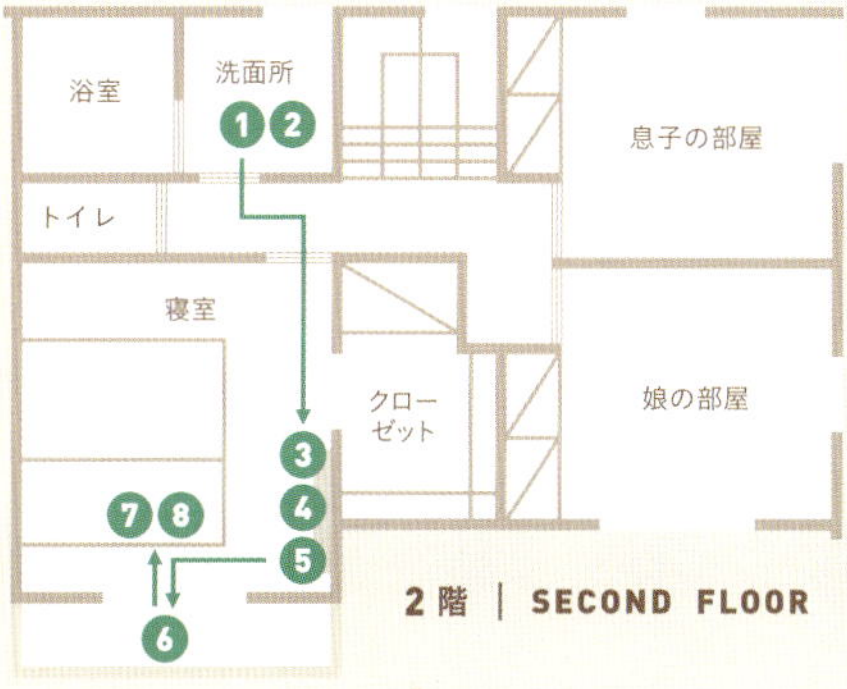

洗濯の動線

❶ 洗濯機を回す
❷ 洗濯物を取り出す
❸ 寝室へ移動する
❹ ハンガーにかける
❺ 洗濯物を干す①
❻ 洗濯物を干す②
❼ 衣類を取り込む
❽ 衣類を仕分ける

☑ **流れのポイント**

「洗濯機から出す→干す→取り込む」という作業が、ほぼ一直線でできるように。アイロンがけが必要な物はクローゼット内でかけ、そのままクローゼットに収納。

am

8:15～

家事・掃除

「あえて」やるのではなく
「ついで」にやれば、十分です！

1日24時間。家事や育児をしていると、あっという間に時間がたちます。「今日も自分の時間がなかったな～」とならないよう、少しでも自分の時間をつくれるように心がけています。母である自分、妻である自分……、人のために動くことの多い毎日だからこそ、「自分に〝お疲れさま〟と言う時間」が必要。それがあるからこそ、家事や育児もがんばれるのだと思います。

私はかなりズボラなので、時間を決めて毎日、掃除することもできません。なので、キッチン掃除は食事の後片付けついで、洗面所の掃除は洗顔ついでに……。ついでに掃除を終わらせてしまえば、そのぶん自分の時間も増えます。

お役立ち ITEM

重ねて収納できるので便利。3段重ねています。

ポリプロピレンメイクボックス・1/2横ハーフ 約150×110×86mm／無印良品

［ボックス］

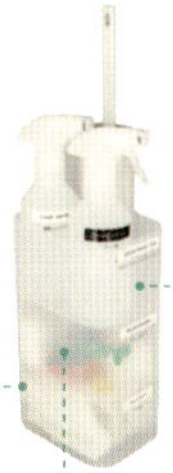

お掃除タワー

掃除グッズをまとめた「お掃除タワー」を各部屋に設置。掃除グッズがすぐ手に取れれば、汚れに気付いた時、ついでに掃除ができます。

1 段目

雑巾（タオル）

掃除に必需品の雑巾。ボロボロになったタオルを、使い捨て雑巾として再利用しています。

キッチン

シンク下のスペースに合わせて2段ラックを設置。掃除タワーの中身を分散して収納しています。

2 段目

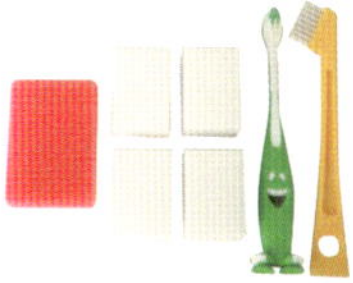

ブラシ・スポンジ

掃除しにくい溝や角に使えるブラシ、がんこな汚れを落としてくれるメラミンスポンジなどを収納。

トイレ

放っておくと掃除がたいへんになるトイレ。いつでも手軽に掃除できるよう、掃除タワーを常備。

3 段目

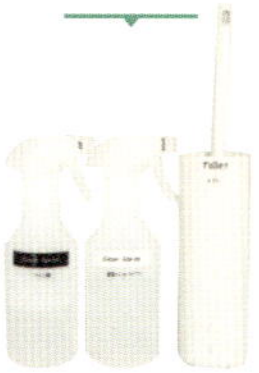

スプレー・ハンディモップ

重曹やクエン酸を水で薄めたスプレー、ホコリを取るためのハンディーモップを一番上に設置。

洗面所

チェスト裏に、お掃除タワーを設置。洗顔や歯磨きのついでに、目立つ汚れをササッと掃除。

＼スペース別！／

掃除グッズの収納

各フロア

しっかり掃除する時に使う掃除機はフロアごとに設置。1階は階段下収納、2階はクローゼットに。

リビング

テレビボード横に、ハンディモップとカーペットクリーナーを設置。あえて出すことで手に取りやすく。

浴室

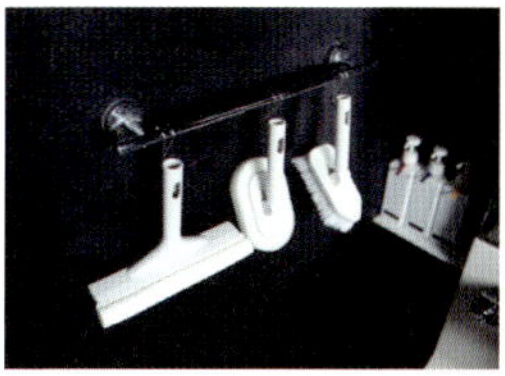

水切り・スポンジ・ブラシの3点セットは、衛生面も気になるのでフックに引っかけ収納を。

am

9:45〜

家事・買い物

玄関の棚や車の中を上手に使って
毎日の買い物を楽しくスムーズに！

家

のことがひと通り終わったら、ほぼ毎日、午前中に買い物に行きます。その日に必要な食材を買いに、息子と一緒に、一番近くのスーパーへ。自宅作業の多い私にとって、息子とスーパーに買い物に行くことは、いい気晴らしにもなっているのです。

午前中の早い時間の店内は、とても空いていて、息子とお買い物するにはうれしい環境。息子にとっても、お買い物をする時間は、遊びと同じぐらい楽しいようです。

息子は子ども用カートを押しながら手伝ってくれます。まだまっすぐ進めませんが、一生懸命！

買い物の動線…

1 着替える クローゼット

いつも、買い物に行く前に着替えます。洋服は2階のクローゼット内に。

⇩

2 メイクする 寝室

メイクは寝室にあるチェストの鏡の前で。近所なのでカンタンに済ませて。

⇩

3 準備をする 玄関

エコバッグやマスクなど必要な物をピックアップ（詳しくは66ページ）。

⇩

4 出かける 玄関▼駐車スペースへ

息子を連れて外へ。車に乗って、近くのスーパーに行きます。

POINT

メイクセットの収納

鏡＆椅子から一番近いチェストの引き出し（上段右）に、私のメイクグッズを収納。座りながら、メイクグッズを取り出せるのでラクチン。

POINT

息子が靴を取り出せる工夫

玄関の棚・息子のスペース（一番下）に突っ張り棒を設置して、その上にL《エル》字ラックを固定。2段組みにして、すべての靴が手前に配置できるように。

＼外で使う物は車に載せて！／

車のトランク収納

トランクの下

右から、車用の掃除グッズ、大きめのバッグ、車用ティッシュのストック、抱っこひも、シートをそれぞれボックスに収納。傘も1本、車の中に常備。

トランクの上

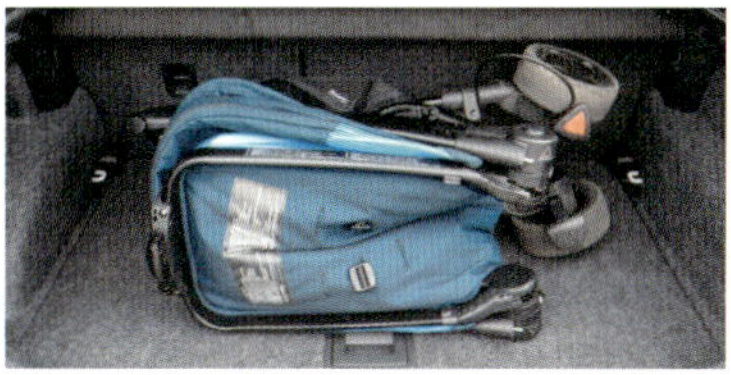

息子用のベビーカーを載せて。外で使う物は、なるべく車の中や物置きなど外に収納し、家の中の収納スペースは、家の中で使う物を入れるように。

COLUMN

梶ヶ谷流 バッグ収納

使用目的に応じて、大きく分類すると4種類のバッグがあります。
使用頻度や準備する時のことを考えて、収納場所を決定。

1 普段用バッグ

ちょっと近所までお出かけする時など、使用頻度が高いバッグ。

収納場所

準備がスムーズにできるよう、外出時に持って行くグッズや息子のお世話セットも収納している1階・和室の押し入れに収納。押し入れの引き戸を開けた時、すぐ取り出せるよう右側に配置しています。

2 エコバッグ

スーパーへの買い物に持って行くエコバッグはマチが大きい物を。

収納場所

ほぼ毎日、買い物に行くので、靴を履く時にサッと手に取れるよう玄関の棚に折りたたんで収納。エコバッグの近くには、一緒に持って行くマスクやめがね、日焼け止めクリームなども収納して。

3 使用頻度の高いバッグ

仕事の打ち合わせやおしゃれをして外出する時はお気に入りバッグを。

収納場所

小さいバッグは出し入れしやすいようファイルボックスに(上)。お気に入りのバッグは型くずれさせたくないので、ボックスに立てて収納(下)。仕事に使うグッズも収納している1階・和室の押し入れに置いています。

4 使用頻度の低いバッグ

年に数回しか使わない冠婚葬祭用のバッグなど、使用頻度の低い物。

収納場所

使用頻度が低いバッグは、2階・クローゼットにかけているバッグホルダーに入れて収納。バッグホルダーを使えば、すべてのバッグが見えるよう収納できるので、あることすら忘れてしまう、ということもありません。

ポーチ

ポーチは使用目的に合わせて３種類、用意しています。
バッグを変えても、ポーチを移動すればいいので準備がラク。

息子のお世話セット

中身

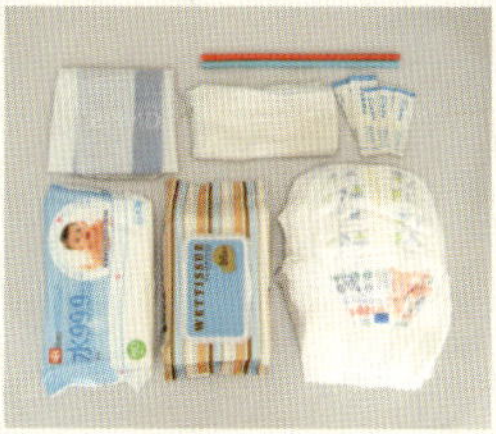

オムツ替えに必要な物や、何かあった時のために絆創膏やガーゼ、ドリンク用のストローなども。収納場所は1階・和室の押し入れ。

収納している物：オムツ、手口ふき、お尻ふき、絆創膏、ガーゼ、ストロー、ビニール袋

バッグインバッグ

中身

名刺や文房具、電卓、娘からもらったお守りなど細々した物をバッグインバッグにスッキリ収納。1階・和室の押し入れに収納しています。

収納している物：ハンドクリーム、洋服ブラシ、クシ、鏡、歯磨きセット、ティッシュ、絆創膏、名刺、電卓、文房具、お守り、メジャー

化粧ポーチ

中身

必要最低限のメイクグッズをポーチにまとめて、バッグの中に。これ以外のメイクグッズは、２階・寝室のチェストに収納しています。

収納している物：メイクアップベース、コンシーラー、ファンデーション、アイライナー、ビューラー、マスカラ、アイカラー、アイブロー、リップ、リップクリーム、チークカラー、コンタクトレンズ、目薬、綿棒、ブラシ類など

防災バッグ

緊急時にそなえて、自宅に必ず用意しておきたい防災グッズ。
しまい込まず、出し入れしやすい場所に収納するのが大切です。

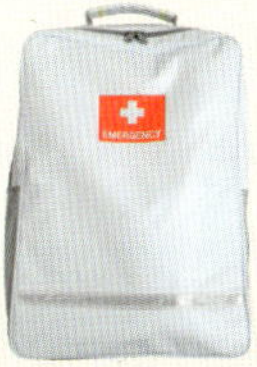

中身

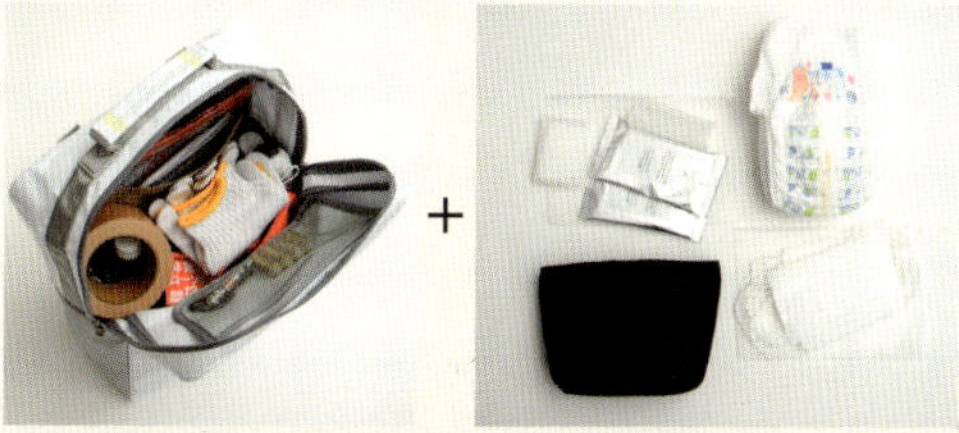

ネットで購入した防災セットに、オムツの替え、マスク、歯磨きシート、クシ、生理用品など、わが家に必要な物を追加して、玄関の棚に常時保管しています。

娘の帰宅

「ただいま！」、娘が学校から帰宅。
今日はどんな1日だったかな？

娘が小学生になった時、本当に一人で帰って来られるのか心配でした。そこで、しばらくの間は帰り道の途中まで迎えに行って、一緒に帰っていました。ですがある日、「お母さん、もう来なくて大丈夫！　一人で家まで帰れるよ！」と言われたのです。少し寂しさもありますが、今では娘の帰宅時間になると時計を気にしつつ、家で待っています。

日によって、娘の「ただいま」という声が元気な時もあれば、しょぼんとした声で話しづらそうにしている時など、色々。子どものことは全部知っていたいけれど、ムリに聞くのもどうかな……なんて迷いつつの育児です。

娘の動線…

❶ リビング　プリントを渡す

帰ったら、ランドセルを片付ける前に、保護者用のプリントを手渡し。

❷ ダイニング　荷物を片付ける

ランドセルや帽子をシェルフに片付け、洗濯物は階段に一時置き。

POINT

「ついで」がラクチン

その日使ったハンカチなどの洗濯物は、階段が一時置き場。後で2階に上がるついでに持って行き、洗面所にある洗濯機へ入れます。

❸ キッチン　手洗い&うがい

シンクでしっかり手洗い&うがい。コップは食器棚から自分で取り出して。

❹ キッチン　おやつタイム

お楽しみのおやつタイム。キッチンの食器棚からおやつを取り出します。

POINT

お菓子は子どもが管理

娘が自分で出し入れできるよう、おやつ専用ボックスをつくって食器棚の一番下に配置。ボックスの中も細かく仕切って、新しいお菓子は自分で補充。

1階 | FIRST FLOOR

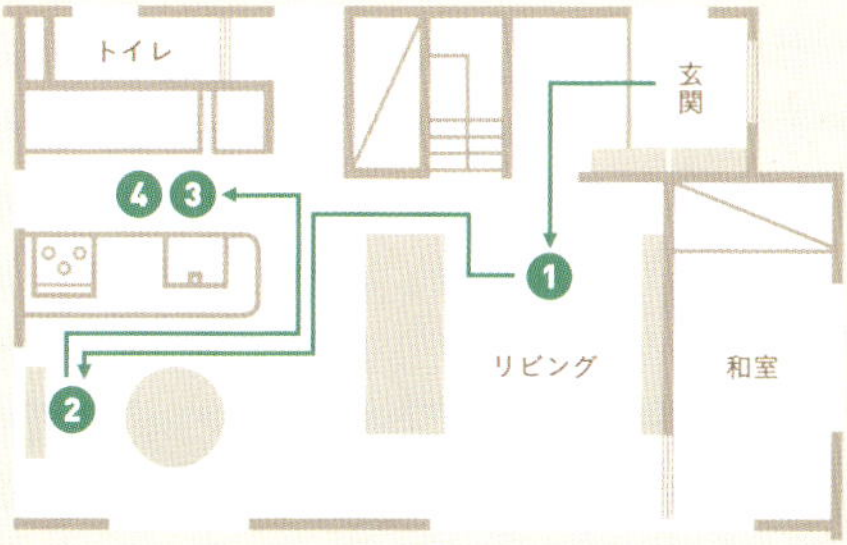

娘の動線

❶ プリントを渡す
❷ 荷物を片付ける
❸ 手洗い&うがい
❹ おやつタイム

プリントはすぐ仕分けして！

☑ 流れのポイント

学校のプリントをリビングで渡したら、そのままダイニングのシェルフに直行して荷物をお片付け。この流れが定着しているので、荷物の放ったらかしはナシ。

pm

15:30～

宿題＆翌日の準備（荷物）

宿題を終わらせたら、
翌日の準備も済ませちゃおう！

帰宅して、おやつを食べて一息ついたら宿題の時間。小学生になる前、娘にこんな質問をしていました。「宿題はどこでやりたい？」。すると、娘は迷わず「ダイニング！」と答えました。なので、わが家では、今はまだ勉強机を購入せず、ダイニングのシェルフに娘の小学校アイテムを収納しています。

小学生になって宿題が出るようになってから、娘とは「遊ぶのは宿題が終わってから」というルールをつくりました。宿題を終わらせたらランドセルにしまうので、そのタイミングで翌日の準備も済ませて。娘の中でも、帰宅→少し休憩→宿題→準備という流れが身に付いたようです。

POINT

通学グッズの置き場

娘の腰の高さで、出し入れしやすいシェルフの2段目に通学グッズを集めて。ランドセル置き場の隣に、教科書やノートを立てて収納。

POINT

娘の筆記用具も2段目

文房具が必要な場合は、シェルフの2段目、左の娘専用引き出しから取り出して。宿題やお絵描きする時に必要なグッズもすべてここに収納。

娘の動線

1 ダイニング

宿題の準備

ランドセルの中から、教科書やプリントを取り出して宿題の準備を。

⇩

2 ダイニング

宿題をやる

ダイニングチェアに座って宿題スタート。音読の宿題は私が聞き役。

⇩

3 ダイニング

明日の準備

宿題を終えたら、翌日の準備。時間割を見ながら忘れ物がないように。

娘のこだわり

学校で机の中に入れた時、上から授業で使う順番になるように、教科書やノートをランドセルに入れて！

＼ダイニングですべて完了！／

翌日の準備

名札・帽子ポーチ

ハンカチやティッシュを入れたポーチ、名札、帽子もランドセル置き場に収納して忘れ防止。

時間割

時間割や教科書、習い事のテキストもすべてダイニングシェルフに。仕切りスタンドに立てて収納。

鉛筆

学校で毎日使う鉛筆は、折れていないか確認。鉛筆けずりはしまい込まず出して、見せる収納に。

pm

17:00〜

おもちゃ遊び

宿題を終えたら自由時間スタート！
今日は何して遊ぼうかな？

宿題と翌日の準備が終われば、娘の自由時間がスタート！　お友だちと外で遊ぶこともあれば、自宅で息子と遊んだり、日によって様々です。

私が夕食の準備をしている間は、1階・リビングのラグの上でテレビを見つつ、おもちゃで遊んでいます。おもちゃは階段下の収納から、子どもたちが自分で出し入れ。私はキッチンに立ちながら、子どもたちの様子が見られるので、安心して準備ができます。

自分でおもちゃを管理できるように、娘と息子の引き出しは分けて収納。

POINT

階段下におもちゃを収納

1階・リビングでよく遊ぶおもちゃは、リビングに近い階段下に収納。子どもの身長に合わせて、子どもの手が届く場所に引き出しを設置。

POINT

ゲームはあえて離れた場所に

テレビゲームは休日だけというルール。あえてテレビから離れた場所（ダイニングシェルフの下段）にゲームを収納することで、やり過ぎ防止に。

子どもの動線

❶ 階段下
おもちゃを取り出す
階段下の収納から引き出しごと取り出して、リビングへ移動します。

❷ リビング
おもちゃで遊ぶ
バサーッとリビングのラグの上におもちゃを出して、お遊びスタート！

❸ リビング
おもちゃを戻す①
自分のおもちゃは自分の引き出しに戻して。ポイポイ入れるだけ。

❹ 階段下
おもちゃを戻す②
引き出しごと階段下の収納に戻して。娘は息子のお運びをサポート。

1階 | FIRST FLOOR

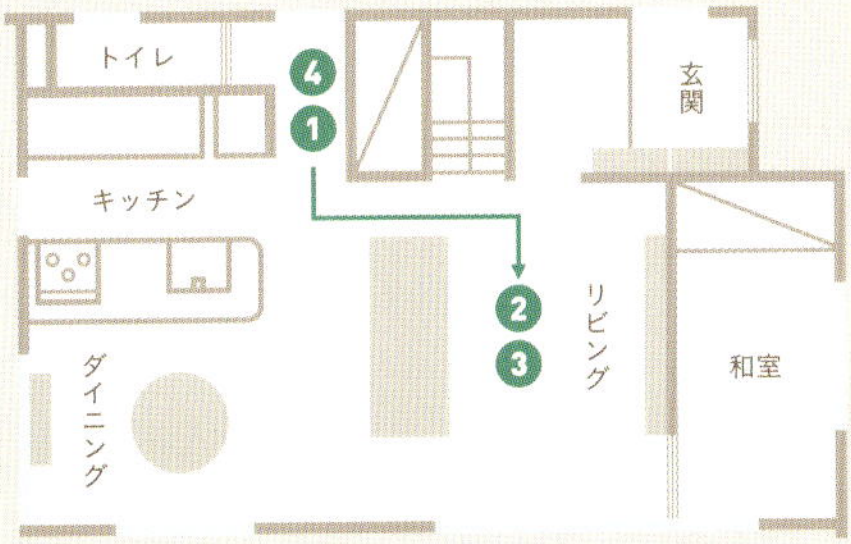

子どもの動線

❶ おもちゃを取り出す
❷ おもちゃで遊ぶ
❸ おもちゃを戻す①
❹ おもちゃを戻す②

お片付けまでが遊び！

☑ 流れのポイント

おもちゃはリビングに近い階段下に収納。遊ぶ場所から収納場所が遠いと片付けるのも面倒になりますが、近ければ子どもでも自分でお片付けします。

pm

18:00～

晩ごはん（お手伝い）

娘と一緒にキッチンに立つのは
とても楽しい時間です。

毎日の夕食づくりは、正直「面倒くさいな」と思うことがありました。自分でメニューを決めて、自分でつくってというのは、主婦なら当たり前のことかもしれませんが、実はたいへんだったりもしますよね。

　私が夕食づくりを「楽しい」と感じられるようになったのは、娘が一緒にキッチンに立つようになってくれてから。一緒にメニューを決めて、一緒につくってというのが、とても楽しい時間。娘は自分でエプロンを出して、「何すればいい？」と積極的にお手伝いしてくれます。最近では、息子も専用の台に乗って、3人一緒にキッチンに立つことも増えました。

お手伝いしたくなる！

…

キッチンのしくみ

キッチンツール コンロ下

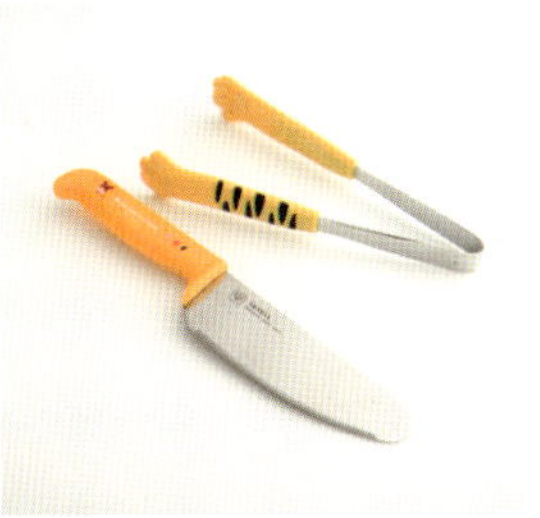

お気に入りの子ども専用キッチンツールを使えば、子どものモチベーションもアップ。トングと包丁は娘が選んだ物です。

エプロン 階段下

エプロンはキッチンに近い階段下の収納に。お手伝いが好きな娘が自分で出し入れできるよう、身長を考慮した高さに。

調味料 食器棚

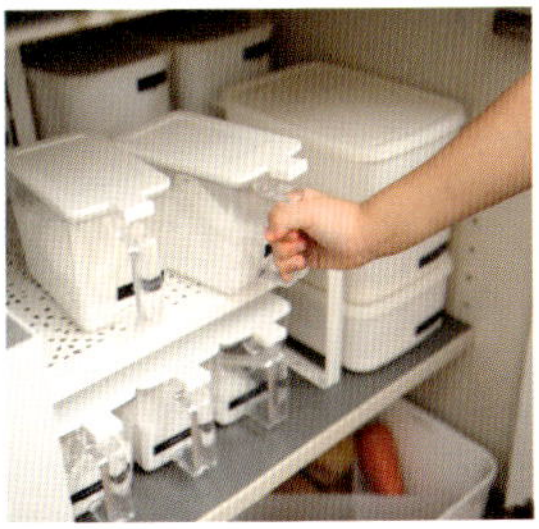

お手伝いを楽しんでもらうには、調味料を置く場所も重要。食器棚の子どもの手が届く高さに配置して、取り出しやすく。

ラベリング 冷蔵庫・食器棚

「どこにあるの？」がないように、すべてラベリングを。子どもがわかるように、英語とひらがな&カタカナの両方を表記。

子どもでもできる！

ゴミの分別法

分別用ゴミ箱は、勝手口に置いて。ポイポイ投げ入れるゴミ箱なら、子どもでも楽しく分別できます。

ラベルを貼ったフックをゴミ箱の内側に取り付け、ビニール袋を引っかけてカスタマイズ。この分別用ゴミ箱をつくっておけば、ゴミ出しがグンとラクになります。

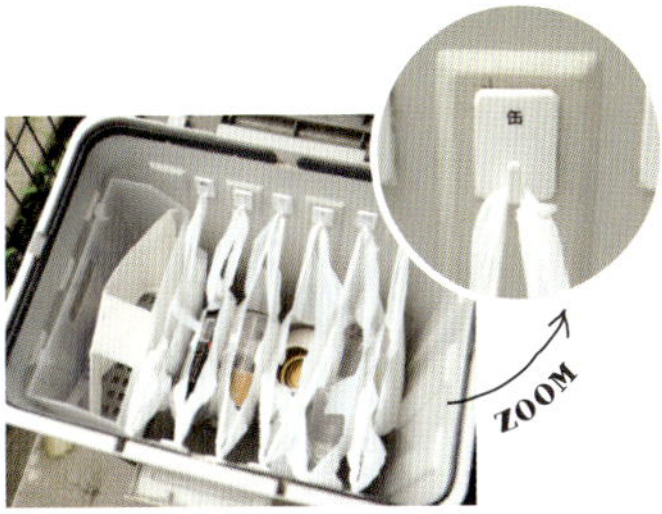

ラベリング：左から牛乳パック、電池、スプレー、ビン、缶、ペットボトル、ガラス

pm

19:30～

翌日の準備（洋服）&お風呂

お風呂に入る前に
翌日の洋服を決めてしまおうね。

お風呂に入る前に娘が必ず、することがあります。それは、翌日の洋服選び。お風呂の準備をする時、肌着やタオルをクローゼットから取り出すので、その時に翌日の洋服も決めてしまいます。

次の日のコーディネートを決めた後は、お風呂タイム。まだ息子が小さかったころは、お風呂を「楽しむ」というよりは「とにかく急いで入る」という感じでした。ですが息子も、もう2歳。今ではお姉ちゃんと遊びながらお風呂に入っています。子どもたちとのお風呂時間は私にとって、とても大切な時間。「いつまで、3人で一緒に入れるかな……」とふと、考えたりもします。

娘の動線

❶ 翌日のコーディネート 娘の部屋

クローゼットから洋服を取り出し、翌日に着て行く洋服を決めます。

⇩

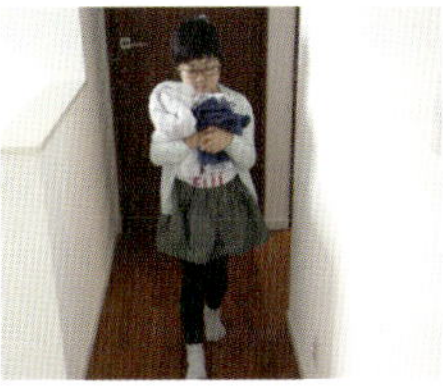

❷ お風呂の準備 娘の部屋

クローゼットから、バスタオル・肌着・パジャマを出して浴室へ移動。

⇩

❸ お風呂 浴室

一日着ていた衣類は、お風呂に入るタイミングで洗濯機の中へ入れます。

⇩

❹ 歯磨き 洗面所

お風呂から出たら歯磨き。お姉ちゃんのマネをして息子も一緒に。

POINT

「ついで」にやればラク！

お風呂の準備をする時にクローゼットを開けるので、ついでに翌日の洋服も選んで。選んだ洋服は、カゴ（53ページ）の中に入れておきます。

POINT

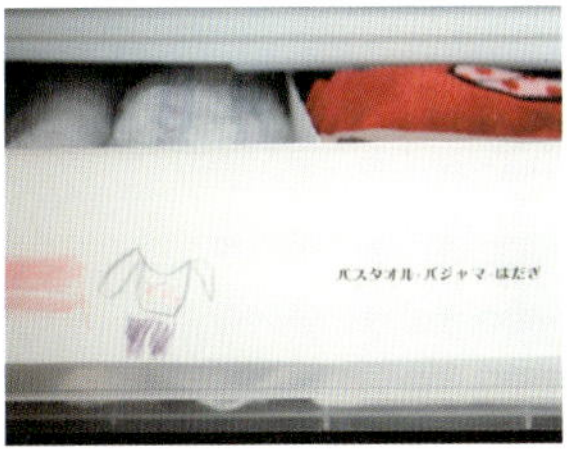

銭湯スタイルを採用

タオルや肌着をそろえて、浴室に持って行くスタイル。お風呂に必要な物は、同じ引き出し内に収納して子どもが自分で用意できるように。

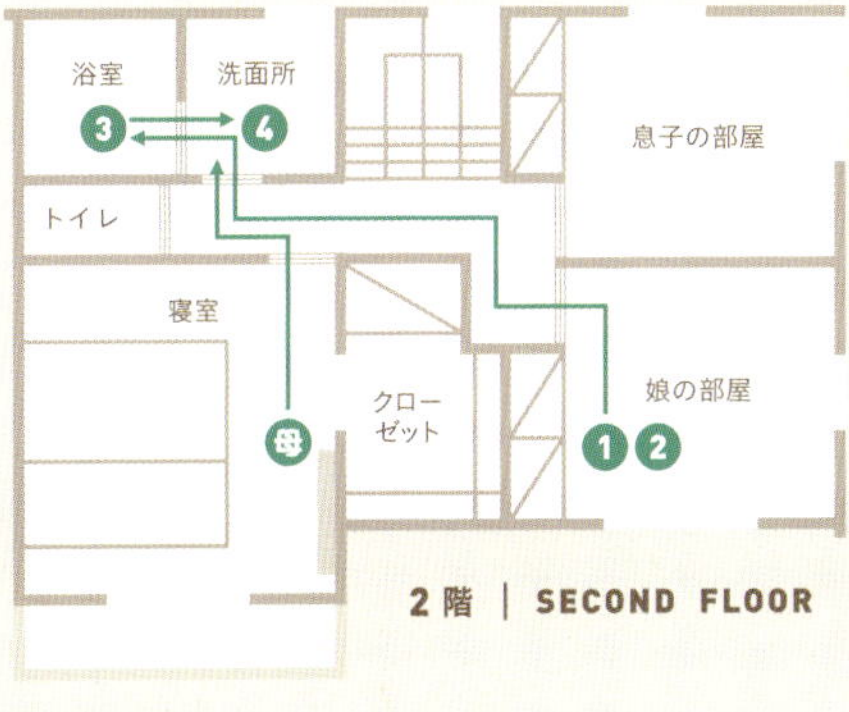

娘の動線

❶ 翌日のコーディネート
❷ お風呂の準備
❸ お風呂
❹ 歯磨き

☑ 流れのポイント

娘は自分の部屋から必要な物を持って浴室へ移動。私も寝室やクローゼットで必要な物をそろえて移動。子どもと流れやタイミングを合わせればスムーズです。

pm
20:00〜

のんびりtime & 就寝

1日の終わりは親子で
のんびり過ごす大好きな時間！

お風呂の後は、私も子どもたちも大好きな〝のんびりタイム〟。私はベッドで「あーつかれた！」と大の字になり、子どもたちはじゃれ合ったり、ゴロゴロしたり。たまにプロレスのように激しく遊ぶこともありますが、ケガさえしなければ大丈夫かなと思って見ています。

この時間は、娘に学校のことを聞く時間でもあります。娘はリラックスしている時のほうが案外、色々話してくれるので、この時間はとても貴重。最近では娘のほうから私に「お母さん、仕事どう？」なんて聞いてくれることも。親子でのんびりするこの時間が、私にとってはとても大切で、大好きな時間です。

OFF

梶ヶ谷家 休日の過ごし方

どんな時にでも、必要な物がすぐ取り出せる工夫を。
ちょっとしたデッドスペースが、使えるんです！

TABLE

お友だちと遊ぶ

娘のお友だちが家に遊びに来ることも。そんな時は、折りたたみテーブルを取り出して、お菓子を食べたり、おしゃべりしたり。折りたたみテーブルは普段、使わないので、娘の部屋のクローゼット奥に立てて収納。

USE

折りたたみテーブルを囲んで、ワイワイ&ガヤガヤ女子トーク。

SANDPIT

砂遊びをする

庭にある砂場で、どろんこになりながら砂遊び。砂遊びグッズは、すぐそばのウッドデッキ下のデッドスペースに収納。水やり用(56ページ)のジョウロやスコップなど、庭で使うグッズもそれぞれボックスに入れて。

USE

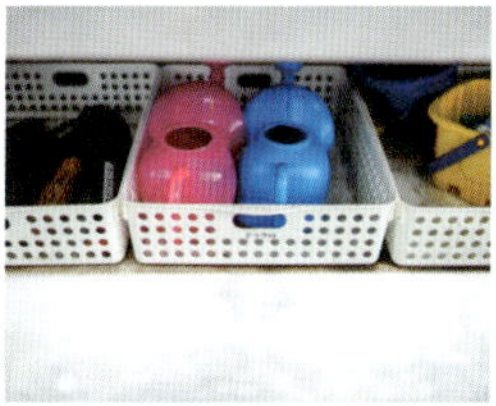

遊ぶ時はボックスごと取り出して、砂場に移動します。

TV

テレビを観る

テレビのリモコンは、すぐ手に取れるようソファ下のカゴの中が収納場所。他にも、爪切りや体温計を入れたケース、ティッシュなど、リビングでよく使う物をまとめておけば便利。隣には、ゴミ入れ用のカゴも配置。

USE

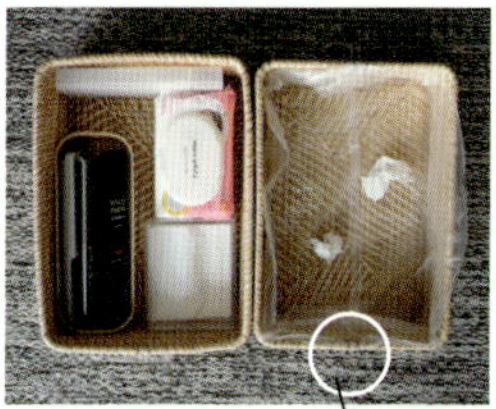

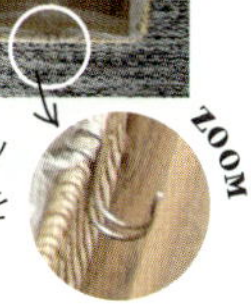

取っ手代わりにフックを付けて、カゴを取り出しやすく。

おすすめ item

子どものお世話グッズ

忙しい毎日の中で、目が行き届かない危険から守るためには、
「何か」に頼ることも必要だと思っています。

ベビーカー

リクライニングもできて、コンパクトに折りたためるベビーカー。大好きなデニムをチョイス。車のトランクに収納しています。

QUINNY ZAPP XTRA2 blue denim／Quinny
※同モデル別色入手可

上履き

幼稚園時代にお世話になった上履きは、すべてビニール製の物。汚れが落ちやすく、乾きやすいのでおすすめです。

トップバリュ ベストプライス ビニールバレー（ホワイト）／イオン

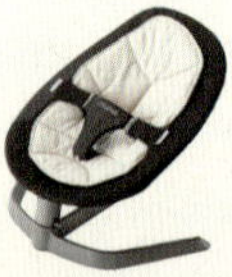

ベビーバウンサー

生後0ヵ月から使えるバウンサー。家事をしながらお世話できて、とても便利。ゆったりした横揺れで、スヤスヤ寝付いてくれました。

幅71×奥行73×高さ45cm
nuna バウンサー leaf／nuna

コンセントキャップ

感電・漏電防止のために購入。空間を損ねることのない透明なコンセントキャップがお気に入り。

幅30×奥行22×高さ18.5mm
コンセントキャップ 6個入り M5641／ニトムズ

©BANDAI

ネームワッペン

アイロンで接着できるネームワッペンはとても便利。お気に入りの柄を選んで布書き用油性ペンで名前を書き、ペタッと貼って。

くまのがっこう ネームワッペン 2個入り
お名前・アップリケ／バンダイ

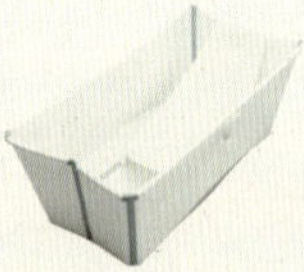

フレキシバス

一緒にお風呂に入れない時期、使用したフレキシバス。折りたためるので収納にも困らず、大助かり。

幅34×奥行66×高さ24cm
フレキシバス／ストッケ
幅20×奥行46×高さ6～24cm
ニューボーンサポート／ストッケ

防犯ブザー

小学校入学と同時に支給された、かわいい防犯ブザー。常にランドセルに付けています。使い方をしっかり伝えるのが親の役目。

大音量でLEDライトも付く！ 防犯ブザー SP-11B型 あんしんてんとうくん／昭和教材㈱

お弁当箱

細長い形のお弁当箱は、幼稚園バッグの中に収納しやすくて重宝していました。上段がごはんとおかず、下段がフルーツで分けて使用。

ディライト スタックインランチスクエア ピンク／サブヒロモリ

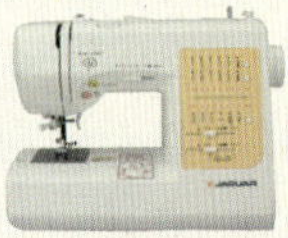

ミシン

幼稚園グッズを製作するために購入。裁縫がニガテな私でも、何とかつくることができました。

幅37.6×奥行19.7×高さ30.1cm
ジャガーコンピューターミシン D1208／ジャガーミシン

RECIPE
03

梶ヶ谷家の

衣 食 住

家の中が片付かない原因にもなる「衣類」の持ち方や見直し方、
「料理」がニガテでも工夫次第で時短できる、キッチン回りの整理収納、
家族がラクに、快適に過ごすための「家具・家電」選びetc.
わが家流の「衣食住」との向き合い方をご紹介します。

梶ヶ谷家の

「衣」

clothing

毎日身に付ける洋服は、自分を元気にしてくれたり、輝かせてくれたりするもの。お気に入りの洋服に囲まれて暮らすことは、日々の笑顔にもつながります。大好きな洋服を来て今日はどこへ行こうかな。

「おそろいのコーデがしたいね」という娘の希望で選んだトレーナー。
悩んで悩んで、心から気に入った物を買いました。

よく、「洋服は○着しか持たないと、決めたほうがいいんですか?」というご質問をいただきます。たしかに「トップスは○枚」「ボトムは○枚」と、あらかじめ持つ数を決めるのは、整理収納に有効な方法だと思います。ですが、私はその方法を選びません。洋服を買う時、「○枚しか持っちゃダメだ」と制限するのではなく、ワクワクしながら洋服を選びたいという気持ちがあるためです。

クローゼットの中が片付かない原因の1つは、購入した時は「お気に入り」だった洋服が、時とともに「着ることのない」洋服になるから。着ていないにもかかわらず持ち続け、また新しい物を買えば、クローゼットはあふれますよね。きちんとハンガーにかけられている洋服や、すぐに見つけ出せる洋服は「今の自分」にとって、お気に入りの洋服なのだと思います。わが家の場合、心から気に入った洋服を買い、その都度、着なくなった洋服を見直しています。

体型の変化に目をつぶらない

プライベート用はパンツスタイルが多く、トップスはデニムに合わせて着回しできる物を。

仕事の打ち合わせなどで着る洋服たち。カチッとなり過ぎず、やわらかい印象になるように。

アクセサリーは仕事やお出かけ時に。シンプルなファッションで引き立つデザインの物を。

仕事の打ち合わせ、家族とショッピング、レジャーなど、使うシーンでバッグは使い分けます。

洋服は肌に優しい綿の素材を選んだり、他と合わせやすい物を選ぶようにしています。子どもの出産前までは、試着するのが面倒だと感じていたので、気に入ったデザインで「このサイズなら大丈夫そう」という物を購入していました。ですが、歳をとったり出産したりすると、悲しいことに体型は変わってくるんですよね……。その変化は目に見えるものではなく、着て初めて実感するもの。ですから今では、なるべく試着して、体に合う物を買うようにしています。

私はシンプルなファッションが好きです。一番好きなスタイルも、デニムと白いシャツ。着飾らなくても、なんだかステキに見える女性にとても憧れます。普段、子どもたちと過ごす時は、アクセサリーは付けません。娘はもう理解できる歳ですが、2歳の息子にとって、私のアクセサリーはただのおもちゃ代わりになってしまうから。友人と会う時、講師の仕事をする時だけ、身に付けます。

キャラクターものでもOK

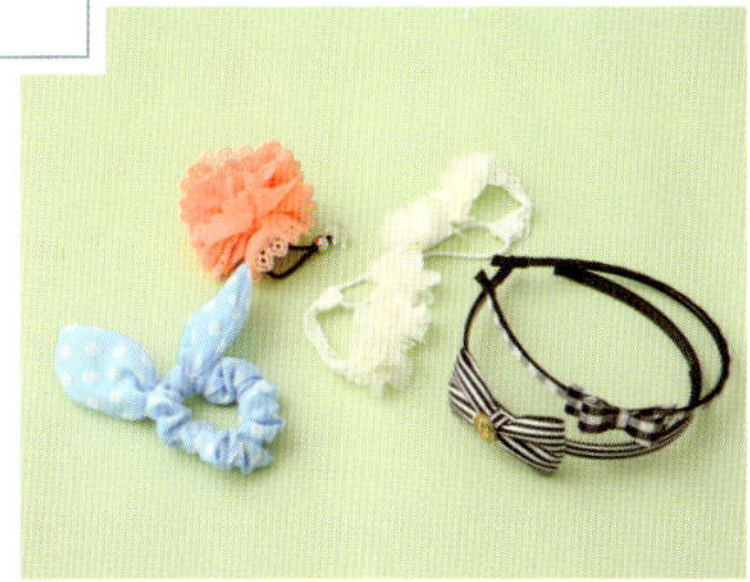

私が娘の髪を結わいてあげるのが習慣。コーディネートに合わせた髪型をリクエストされます。

娘はじっくり時間をかけて、心から気に入った洋服を選びます。息子のおさがりに回す物も。

家族でお出かけする時は、子どもたちとデニムやシャツを合わせて、親子コーデを楽しみます。

息子のファーストシューズは、娘のおさがり。初めて息子に買ったシューズはコンバースです。

娘の洋服は、3歳になるまで私や主人が選んでいました。3歳を過ぎるころには、娘なりのこだわりが出て、「これがいい！」と自分で洋服を決めるように。キャラクターものを選んだ時には、少し困った覚えもありますが、「これじゃなきゃ嫌！」と言われた時は好きにさせました。今ふり返ると、「キャラクターものを着たい」という時期は案外、短かったように思います。

息子の洋服については1歳ごろまで、ほとんど娘のおさがり。1歳を過ぎてからは、当時の娘との体格の違いも出てきたので、娘の時とはまた違った洋服選びの楽しさを満喫中です。

バアバに買ってもらった『アンパンマン』の帽子＆リュックが、息子の大のお気に入り。いつも身に着けて、自慢しています。

My Wardrobe

母のワードローブ

「洋服はどのくらい持っているの？」という問い合わせにお答えして、
洋服はもちろん、バッグやアクセサリーまで紹介します！

・・ その他 ・・

肌着／10枚

タンクトップ／8枚

かがんでも、胸元が開き過ぎない物を。

キャミソール／4枚

着た時に、脇が開き過ぎない物をチョイス。

長袖ウェア／2枚

真冬の強い味方。着膨れ防止にもなります。

インナー

直接肌に触れる物だから着心地のよさを重視。胸元や脇が開き過ぎない物を。

収納場所
クローゼット
寝室（チェスト）

パジャマ／4セット

部屋着としても使える動きやすい物を。

冠婚葬祭用／1枚

長く着続ける物は、慎重に選ぶように。

スーツ／2枚

仕事用のスーツはシルエットがきれいな物を。

オールインワン／1枚

黒のオールインワンは小物でアクセントを。

その他

行事ごとに着る洋服は流行り廃りのない物を選んで長く着られるように。着心地のよさや素材重視で。

収納場所
クローゼット

デニム／6枚

一番好きなスタイル。履き心地が最優先。

デニム以外／8枚

ストレッチパンツは子育てママの強い味方。

スカート＆キュロット／4枚

少し気分を変えたい時にはくアイテム。

ワンピース／6枚

伸縮性があって動きやすい物を選びます。

ボトムス

パンツスタイルが多いので、デニムははき心地にこだわります。購入前は必ず試着するように。

収納場所
クローゼット

コート／7枚

仕事でもプライベートでも使える形＆色に。

ジャケット／4枚

トップスの上に着るので余裕のあるサイズを。

アウター

仕事用とプライベート用、どちらのコーディネートにも使える物を選んで、着回しできるように。

収納場所
クローゼット

・・ その他 ・・

襟付きシャツ／10枚
ブラウス／4枚
カーディガン／10枚

Tシャツ
半袖／11枚 長袖／3枚

デニムにTシャツが一番、多いスタイル。

トレーナー／1枚

子どもと一緒に行動する時は動きやすさ重視。

ニット＆セーター／18枚

伸縮性がよく、シルエットがきれいな物を。

トップス

コーディネート全体のバランスに影響するトップス。シンプルな物と色味のある物、バランスよく。

収納場所
クローゼット

帽子／７点

どんな洋服にも合わせやすいシンプルな物を。

手袋／１点

着用しながら携帯電話が使える手袋は便利。

ストール／４点

アウターとのバランスも考えた物をチョイス。

小物（冬物）

冬はコーディネートのアクセントに小物を使うことも。持ち服に合う小物を持つようにしています。

収納場所

クローゼット

・・ その他 ・・

ネックレス／８点
ブレスレット／３点
ピアス／４点

アクセサリー

仕事用や、おしゃれして出かける時に使用。

ヘアアクセサリー／７点

アクセサリーは娘と同じテレビボードに収納。

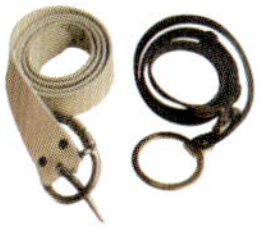

ベルト／３点

ベルトを使う洋服が少ないので数本だけ。

サングラス＆めがね／４点

自分の顔型を分析し、合う物を探して購入。

小物

仕事の時や、おしゃれして出かけたい時に。むやみに増やさず、心から気に入った物を。

収納場所

寝室（チェスト）＆玄関（棚）
テレビボード（リビング）

普段用／６点

お世話セットポーチを出し入れしやすい物に。

仕事用／２点

スーツに合う色や形で書類が入る大きさを。

エコバッグ／１点

毎日買い物に行くので玄関棚に置いています。

ショルダーバッグ／４点

公園遊びやレジャーの時は両手が空くと◎。

冠婚葬祭用／１点

小振りでジャマにならない物を選びます。

バッグ

買い物、仕事用、お出かけ用、プライベート用etc. 使う目的に合わせてバッグは変えるように。

収納場所

クローゼット＆押し入れ

・・ その他 ・・

下駄／１点

シューズ／３点

履き心地がよく、パンツスタイルに合う物を。

パンプス／６点

定番の色や、持ち服に合わせやすい色を。

ブーツ／３点

履くだけでおしゃれに見える形がお気に入り。

サンダル／３点

子どもを抱いても安定感のある物を買います。

靴

靴は「どんな時に履くか」という目的を明確にしてから購入。多く持つよりも長く履ける靴を選びます。

収納場所

玄関（棚）

外用靴下／10セット

シューズにもパンプスにも合うソックスを。

家用靴下／10セット

外用として使わなくなった靴下を家用にします。

レギンス／２枚

レギンスは夏用パジャマに合わせて使用。

ストッキング／６枚

仕事用や行事用に、黒とベージュを数枚ずつ。

靴下など

靴下やレギンスは必要最低限の数で使い回し。家用靴下は、履かなくなった外用靴下を下ろします。

収納場所

クローゼット

Daughter's Wardrobe

娘のワードローブ

私服で通う小学校への進学を機に増えた、娘の洋服たち。
デザインは娘が選んで。ピンクアイテムがお気に入りのようです。

サンダル / 1点
夏の水遊びや、ちょっとそこまでという時に。

ブーツ&長靴 / 2点
どちらも1足ずつ。心から気に入った物を。

パンプス / 3点
イベントやお出かけの時、洋服に合わせて。

シューズ / 5点
小学校用とお出かけ用は使い分けます。

靴

外遊びも多いので、動きやすい素材で汚れても洗いやすいシューズが多めです。

収納場所
玄関（棚）

その他
肌着 / 6枚
長袖ウェア / 3枚
スパッツ / 5枚

レギンス / 8枚
スカートやキュロットに合わせてはける物を。

外用靴下 / 13枚
穴が開いていないか、チェックはこまめに。

キャミソール / 5枚
速乾性があって肌触りのいい物をチョイス。

インナー・靴下など

夏は速乾性、冬は防寒性のある物を。お気に入りのデザインを娘が選びます。

収納場所
娘の部屋
（クローゼット）

その他
デニム以外 / 3枚
スカート / 8枚

ワンピース / 9枚
お出かけの時にはお気に入りの柄ものを。

キュロット / 4枚
動きやすいキュロットは、学校にも外遊びにも最適。

デニム / 2枚
パンツはストレッチの効いた物を選ぶように。

ボトムス

小学校にも着て行くので動きやすく、着やすい物を選んで。娘はキュロット派。

収納場所
娘の部屋
（クローゼット）

ジャケット / 4枚
お出かけする時、ちょっとカッコいいスタイルも。

コート / 3枚
コートは丈が長めの物を選んで防寒対策。

アウター

トップスに重ねて動きやすいよう余裕のあるサイズを。ポールに引っかけて収納。

収納場所
娘の部屋
（クローゼット）

その他
カーディガン / 2枚
パーカー / 2枚
トレーナー / 1枚

ニット&セーター / 7枚
肌寒い季節には必須。余裕のあるサイズに。

襟付きシャツ / 3枚
女の子らしくフリフリのレースが付いた物も。

Tシャツ
半袖 / 12枚、長袖 / 10枚
シャツは洗濯しやすいので汚れても問題なし！

トップス

スカートにもズボンにも合わせやすい色&デザインに。親子おそろいの物も。

収納場所
娘の部屋
（クローゼット）

Son's Wardrobe

息子のワードローブ

まだ小さい息子の洋服は、娘のおさがりor私が選びます。
そろそろ、本格的にキャラクターものに目覚める時期かな？

・・ その他 ・・

シューズ / 4点
これから履く予定の
娘のおさがり

サンダル / 1点
夏場は息子のお気に入りのサンダルを使用。

長靴 / 1点
雨の日は息子が自分で選んだ長靴を履いて。

シューズ / 4点
息子でも履きやすいマジックタイプを愛用。

靴

素材が硬くなく、履きやすい物を。娘のおさがりで状態のいい物は再利用。

収納場所
玄関（棚）

・・ その他 ・・

肌着 / 8枚

靴下 / 8点
すぐサイズアウトするので、まめにチェック。

タンクトップ / 7枚
Tシャツの下に着させて、汗もなどを予防。

インナー・靴下など

基本は肌に刺激のない天然素材の物を。肌着は綿100％の物を選びます。

収納場所
押し入れ

ハーフパンツ / 4枚
暑い夏の日はハーフパンツを着用します。

デニム以外 / 6枚
公園遊びには伸縮性があり汚れてもいい物を。

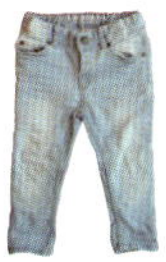

デニム / 5枚
お出かけの時はおしゃれにデニムコーデで。

ボトムス

活発に動く息子が自由に動き回れるように、伸縮性のある素材がGOOD。

収納場所
押し入れ

ジャケット / 3枚
真冬に使える物が1枚あれば安心です。

アウター

基本は動きやすい素材。トップスの上に着るので余裕のあるサイズを選んで。

収納場所
押し入れ

・・ その他 ・・

トレーナー / 1枚
カーディガン / 1枚
パーカー / 2枚

セーター / 2枚
シャツの上に余裕を持って着られるサイズを。

襟付きシャツ 半袖 / 3枚、長袖 / 2枚
親子コーデができたり、合わせやすい物を。

Tシャツ
半袖 / 10枚、長袖 / 5枚
たくさん汗をかいても困らないよう多めに常備。

トップス

まだ自分で選ぶことのない息子の洋服は「着させやすい」かどうかもポイントです。

収納場所
押し入れ

洋服の総数を一定に保つように

あらかじめ持つ洋服の量を決めるのは、私にとって管理がたいへん。
「洋服を購入したら、そのぶん見直しをする」というシンプルなサイクルに。

わが家では必ず、衣替えと同時に洋服の見直しをします。新しく洋服を購入する時にも必ず見直しをして、持っている洋服の総数を一定に保つように。

最近、私が行っている洋服の見直し法があります。それは、「あえて最近、着ていなかった洋服でコーディネートする」というもの。鏡の前に立った時に「これで外出はできないな」と思えば、その洋服はもう着ない洋服だと判断し、手放すように。すると、クローゼットの中は「今の自分に似合うお気に入りの洋服たち」だけになるのです。

子どもの洋服の見直しは、必ず子どもと一緒に行います。子どもにもお気に入りの洋服がありますし、後から「どうして捨てたの！」を避けるため。サイズアウトした洋服は「これはもう、きついと思うよ。着てごらん」と言って、子どもに一度、着てもらいます。そこで「きつい」と本人が感じれば、納得して手放すことができます。

「捨てる」のではなく「生かす」

・チャリティー・

洋服を見直した時、状態がいい物はチャリティー用に保管。子どもと一緒に出しに行くことで、チャリティーの意味や役割を伝えるいい機会に。

梶ヶ谷家 愛用！
マルイの下取り

＼チャリティーの流れ／

1. 衣料品を、「マルイの下取り」開催時にマルイの受付店舗へ持参する。
2. 衣料品１点につき、「200円割引券」と交換。１日一人５点まで可能。
3. その後、衣料品は東北復興商店街で再販売、途上国支援にも役立てられる。

http://www.0101.co.jp/shitadori/index.html
お問い合わせ／03-3476-8000

・フリーマーケット・

出展の準備やタグ付けなど、準備は案外たいへん。ですが、親子で一緒に楽しんだり、次に洋服を着てくれる方と触れ合ったり、収穫もたくさん！

梶ヶ谷家 愛用！
リサイクル運動推進事業協会

＼フリーマーケットの流れ／

1. 主催団体のホームページで開催場所や日程、参加条件を確認の上、申し込む。
2. 後日、出展料金を振り込む。当日に向けて、タグ付けなどの準備を進める。
3. 当日、いざフリーマーケット会場へ！販売＆購入を行う。

http://www.r-kyokai.com/
お問い合わせ／本部：045-565-2227

以前、ある80代の女性とお話しする機会がありました。その時、「私は整理収納アドバイザーが大嫌いなの。だって、何でもかんでも〝捨てろ捨てろ〟と言うでしょ」と言われたのです。「整理収納＝捨てる」というイメージがとても強いんだなと、ショックを受けました。

私はアドバイザーとして活動する中で、「捨てる」という言葉は極力、使わないようにしています。というのも私自身、「物を捨てる」という行為はニガテですし、子どもやご高齢の方の中には、「捨てる」という言葉に反応して整理収納が嫌になるというケースもあるので。

私の中で、整理収納はとても前向きなことで、「物を生かす活動」だと思っています。実際、わが家ではチャリティーやフリーマーケットをなるべく活用しています。子どももフリーマーケットの準備を一緒に行うことで、「物は大事に使っていれば、また必要な人の元へ旅するんだな」と感じているようです。

梶ヶ谷家の

「食」

food

料理は嫌いじゃないけどニガテ。でも、「完ぺきじゃなくてもいいんだ」と思うようにしたら、食事づくりが気楽になりました。お母さんが肩の力を抜くことが、家族の笑顔につながることもありますね。

ある日の夕食。ごはんに味噌汁、生姜焼き、厚焼き卵、サラダ。
カンタンにつくれる、ごくごく普通のごはんです。

毎日、当たり前のように食べていた母の手づくりごはん。結婚してから、そのありがたみを実感しました。家事に育児に忙しい毎日の中で、メニューを考えてつくることは、たやすいことではありませんよね。私はつくるのは嫌いじゃないけれど、得意ではないので毎日、頭を悩ませます。正直なところ、食事づくりがストレスに感じる時もあるほど。ですが、「食」は家族にとって大切なもの。健康を考える上ではもちろんのこと、家族をつなぐものだからです。

子どもが成長すれば、個々で時間を過ごすことが多くなるでしょう。ですが、「食事の時だけは、顔を合わせたい」というのが、母としての願いです。料理がニガテな私は、100点満点の食事なんて出せません。ですが、辛い顔をしてムリに「満点の料理」を出すよりも、頼れるレシピや調味料でつくった「がんばり過ぎない料理」を笑顔で出すほうが、家族も喜んでくれると思います。

がんばり過ぎない食事づくり

和食をつくる時に大活躍のだし、中華スープや野菜炒めに必須の鶏がらスープ。
あるだけで安心できる調味料たちは、私の強い味方です。

皆さまは、食材や調味料にどれくらいこだわっていますか？　正直なところ、私はそんなに強いこだわりはありません。こだわり出したらキリがない上、あまり神経質になると、買い物さえもストレスに感じてしまうので……。買い物で気にすることは、国産の食材であることや、傷みがなく新鮮な食材を選ぶようにしていることくらい。よく買い物に行くので、なるべく数日の食事に必要なぶんだけを買うようにしています。

味付けのベースになる調味料は、料理がニガテな私にとって、とても強い味方。体に影響のない物なら、食事づくりをラクにするためにも使用しています。

豚丼、野菜たっぷりの豚汁、ダイコンとニンジンのサラダ。頼れる調味料とレシピでカンタンにつくれる料理。

ニガテでも工夫次第で時短できる

わが家に三角コーナーはありません。料理する時は、シンクにポリ袋を置いてゴミを捨てながら。こうすれば、後片付けがとてもラク。

右利きなので、容器はツメの部分を左上にそろえると、フタを開ける時の流れがスムーズ。細かいことだけど、その積み重ねが時短につながります。

食後のデザートに、娘からリクエストの多いフルーツ類。買い物した後、すぐカットして容器に保存すれば、パッと取り出せる状態に。

野菜は1つのカゴにまとめれば出し入れがラク。野菜が多い場合は、アイテムごとにカゴに入れて、量の管理がしやすいようにするのがおすすめ。

7歳の娘と2歳の息子がいるわが家では、毎日バタバタとした生活を送っています。「時間が足りない〜!」と、思わず叫んでしまうことも……。そんな中での食事づくりは、いかに効率よくつくり、後片付けをラクにするかが勝負です。

とは言っても、料理が得意ではない私は、すばやくササッと何品もつくることはできません。料理が得意な主人は、4つのコンロをフルに活用しながらつくりますが、私には到底ムリです。そこで、私の場合は「調理にかける時間を確保するための空間づくり」に力を入れています。調理スペースの確保や、あまり移動せずに食器や調味料を出し入れできる配置、そして後片付けがラクにできるしくみをつくること。それが、私の中での時間短縮だと思っています。

そしてもう1つ、娘がお手伝いしたくなるキッチンであることが、私の支えになっています。娘と並んで料理する時間はとても楽しく、笑顔になれるのです。

大好きな物に囲まれたキッチン

心から気に入って買ったキッチンツールは、見せる収納に。
あまりにも気に入り過ぎて、壊れているのに使い続けている物も……。

キッチンツールは、デザイン性や機能性を考えて購入しますが、最優先させるのは「心から気に入った物を買う」ということ。色々なお店のツールを見て「毎日、使いたい」と思えるような、お気に入りを探します。何度も何度もお店に足を運んで、「やっぱりこれだ！」と思える物に出会えた時は、とてもうれしい気持ちに。それは子どものころ、サンタクロースからのプレゼントを見つけた時と、同じような感覚です。

「大好きな物に囲まれたキッチン」は、楽しい気持ちになるだけではなく、食事づくりへのモチベーションも上がります。不思議なもので、心から気に入って買ったツールを見ていると「たくさん、私を使ってね」と話しかけられているような気分になります。「いっぱい使うからね」と思える日もあれば、家事・育児にヘトヘトで「今日はごめんなさい！」と思う日もありますが……。

梶ヶ谷家のキッチンツール

キッチンツールは、料理がニガテな私を支えてくれる大切な存在。
「心から気に入った物」を集めて、食事づくりを楽しく。

まな板

肉や野菜など、切る物によってまな板を替えられるので、料理中にわざわざ洗い直す作業が省けて大助かり。ケース付きで収納しやすいのもうれしい。

インデックス付まな板 アドバンス シルバー／Joseph Joseph

お玉・穴あきお玉 ターナー

つなぎ目のないツールに、ひとめぼれして購入。凹凸がないので汚れがたまらず、洗いやすいのでお気に入り。ナイロン製なので、お鍋も傷付けません。

※販売終了

調味料ボトル

調味料ボトルとして、詰め替え用にずっと探していたボトル。理想の容量の物が見つからず、困っていた時に発見。750ml入るので大満足です。

フィルターインボトル／HARIO
※ホワイトのみ販売終了

大小フライパン

熱が伝わりやすく、重くないところがお気に入り。大小そろえて使い分け。主人が外食の日は、小さいほうだけで十分です。

HI スタイルエリート ブラック フライパン 20cm・26cm／HENCKELS

オイルポット

モノトーンのオイルポットは、お店で見た時にひとめぼれ。モノトーンのデザインと、コンパクトなサイズが気に入っています。

m.design MONO オイルポット mini 0.8L／㈱万年

計量スプーン・計量カップ

どちらも持ちやすく、使い勝手がとてもいい。スリムな計量カップは、引っかける収納でもジャマになりません。

柄の長い計量スプーン・大 約15ml 約5×長さ19.5cm、小 約5ml 約3.5×長さ18cm／無印良品
※計量カップは販売終了（無印良品）、新モデル入手可

スポンジ

傷が付きにくい不織布、泡立ちのいいスポンジ、そして水切りのいいスポンジの3層になっているところがお気に入り。

TRIPLE SPONGE ブラック／SMART HOME

スパイス瓶

入れる物に合わせて購入したスパイス瓶。たくさんそろえても、驚きの安さに感動。安いけれど安っぽく見えないところが魅力です。

DROPPAR スパイス瓶／イケア

トング

長さ違いのトングをセットで購入。長いほうはパスタをつくる時、短いほうは焼肉でお肉を取ったりする時に使用しています。

Francfranc
※販売終了、新モデル入手可

家族が必要とする数だけ持つ

家族の「食」を支える食器選びは、使う目的に合わせて購入。
たくさん持つよりも、心から気に入った数少ない食器を大切に使って。

食器は買い換えた物もありますが、まだ夫婦2人だったころに購入したお気に入りの物も大事に使っています。意識したわけでもないのですが、わが家ではモノトーンの食器が多いです。お茶碗や味噌汁のお椀、お箸などは、夫婦で色違いの物を。一度の食事に出す品数も多くはないので、食器の数は少ないほう。家族が必要とするぶんと、数人の来客のことを考えた数だけです。

食器を選ぶ時は、どんな料理にも使えそうなデザインの物を買うようにしています。形は収納のしやすいシンプルな物を。子ども専用の食器は、「安全性」を一番に考えています。2歳の息子は、すべて自分で食べたがるのですが、まだまだ上手に食べられません。食器を落とすことも、しょっちゅうです。プラスチック製で落としても割れない食器は、子どもが「自分で食べる力」を身に付け、私が神経質にならずに済むことに一役買ってくれています。

梶ヶ谷家の食器＆カトラリー

夫婦で色違いのカトラリーや、子どもの安全性を考えた食器たち。
どれもお気に入りです。100円ショップで買った物も大活躍！

夫婦で おそろいのお箸

わが家では、夫婦おそろいのアイテムがいくつかあります。お箸もその1つ。シンプルで、長く使える食洗機対応の物を購入。

鉄木食洗機で洗える箸
黒23cm・朱23cm／無印良品

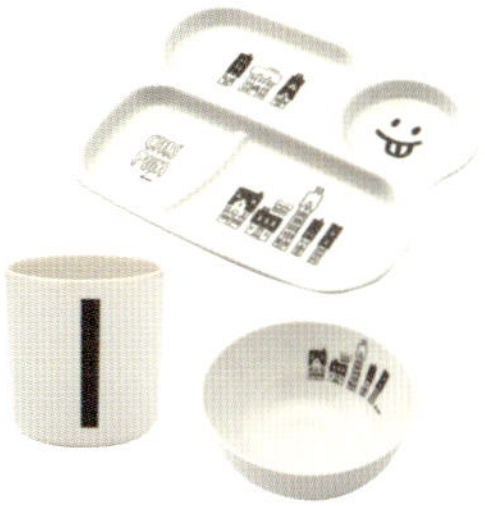

子ども用のコップ プレート・お椀

娘と一緒に決めて買った子ども用の食器。プレートは後片付けをラクに済ませたい時に使用。娘と息子のイニシャル入りのコップは、子どもの手にちょうどいいサイズ。お椀はごはんを入れたり、デザートを出す時にも使用。プラスチックなので、落としても安心。

Chispum BIG TOWN メラミンプレート・メラミンボウル、DESIGN LETTERS MELAMINE CUP S・I／ACTUS

丼

麺類も丼物も、わが家で使用する食器は無印良品の丼だけ。使い回しが利く食器は、食器棚の一番、取り出しやすい場所に。

白磁丼・大 約直径16×高さ8.5cm／無印良品

木のお皿・ボウル フォーク＆スプーン

お皿は朝食のパンや、シチューと一緒にパンを出す時に使うことが多いアイテム。ボウルは、スープを出す時に、スプーン＆フォークはスープやサラダ用に。

※雑貨屋で購入

100円で買ったボウル フォーク＆スプーン

お鍋や焼肉の取り皿用に購入したボウル。プラスチック製で食洗機対応なのがうれしい。フォークとスプーンも、かわいらしさのある物を探していたら発見。

※100円ショップで購入

お弁当箱＆水筒

娘が幼稚園に入園した時に購入。運動会や遠足などのイベントが楽しくなるように、カラフルな物を選びました。

2.5段 ファミリー ランチボックス／caffe latte
水玉ファミリーボトル ドット 1.5リットル
ステンレス／Sugar Land 逸品社
※販売終了、新モデル入手可

紅茶セット

ティーポットとグラスをセットで購入。仕事の合間にホッと一息つきたい時や、お客さまに出す時に使用しています。

オスロ カプチーノマグ（4個セット）
／Francfranc
※ティーポットは販売終了（Francfranc）、新モデル入手可

コースター

来客用のコースター。紙素材で使い回しはできませんが、わが家では来客がそこまで多くないので、これで十分。絵がとてもかわいく、裏がカラフルでまたかわいい！

ÖNSKEDRÖM コースター アソート
パターン／イケア

子どもが楽しめれば、それが一番

運動会は家族の一大イベントの１つ。子どもにとっての楽しみは、お昼のお弁当。悪戦苦闘しつつも、この日だけはキャラ弁づくりに没頭します。

誕生日は家族でお祝い。気合いを入れてケーキを手づくりし、自宅でお祝いすることもあれば、子どもの希望で外出してお祝いすることも。

時間に余裕のある時は、娘と一緒にパンづくりを楽しむことも。とてもカンタンにできるレシピを参考にして、つくっています。

クリスマスは主人が買い出しに行き、料理をつくってくれます。私ではつくれないようなメニューばかりで毎年、楽しみにしています。

料理がニガテな私は、ステキなおもてなしなんて、きっとできていません。ただ、遊びに来てくれた方が、ゆったり過ごせる空間づくりを心がけています。お客さまが気軽にどこでも座れるよう、「ちょっと、そこには行かないで！」がないように。娘と一緒にクッキーやケーキをつくって、用意することもあります。見た目はよくなくても、気持ちをたくさん込めて。

お誕生日やクリスマスなど、イベントの日はなるべく家族そろって過ごすようにしています。主人が仕事を休めない日は、日にちをずらしてお祝いすることも。買い出しをして、みんなで料理をつくって過ごすこともあれば、外で思いっきり遊ぶこともあります。

娘が幼稚園に入ってお友だちができてからは、ハロウィンの仮装パーティーをしたり、みんなでクリスマスパーティーをしたり。どんな形にしても、子どもが楽しむことができれば、それが一番だと思っています。

「ダメダメな日」があってもいい

ついこの間まで離乳食だった息子も、今は普通のごはんに。
食事中、いつも息子がごはんをひっくり返すので大騒ぎです。

妻になった時、母になった時、「料理をがんばらなきゃ」と思いました。主人は調理師免許を持っていて、料理がとても得意です。そんな主人に食事をつくるのはプレッシャーでした。

結婚したばかりのころ、私の料理の仕方に主人がアドバイスをくれたことがありました。ですが、当時の私は「一生懸命つくったのに、文句を言われた」と泣きながら、母に電話しました。すると母は「料理が上手な人にアドバイスをもらえるなんて最高じゃないの。そんなに背伸びしないで、やってもらえばいいじゃない」と言ってくれたのです。それからは、主人が休みの日はつくってもらったり、アドバイスを聞くようになりました。

食事づくりがストレスになるくらい忙しい時は、外食することも。「ダメなお母さんだな」と、自分自身が嫌になる時もあります。ですが、ラクすることで私自身も家族も笑顔になれるのなら、そういう日もあっていいかな、と思います。

梶ヶ谷家の

「住」

shelter

私が"家"に求めるものは2つ。それは、「家族が笑顔で心地よく暮らせること」、そして「自分自身も家族もラクできるしくみが整っていること」です。皆さまは、どんな"家"に住みたいですか？

家具の配置や収納は、自分だけではなく家族の目線でつくり上げるように。
心地よく、安全に過ごせる空間を目指して。

「家族が生活する家」に、皆さまは何を求めるでしょうか。「シンプルな空間」と言う方もいれば、「大好きな物に囲まれた空間」と言う方もいるのではないでしょうか。ですが、シンプルであっても、大好きな物に囲まれていても、そればかりを優先していると、いつしか「家族が生活しづらい空間」になってしまうこともあります。

理想の空間で心地よく暮らすには、「自分自身や家族の行動」、そして「現在の住まい」をよく知ることが大切です。家族の行動には、物選びや配置を決めるヒントがたくさん詰まっています。収納本は数多くありますが、自分自身や家族の行動はどこにも書かれていませんよね。

「何をどこに置けば生活しやすいか」というのは、収納本を見て決めることではなく、自分自身や家族の行動、そして現在の住まいをヒントに決めていくことが大切。そうすることが、「片付く住まい」への第一歩になるのではないでしょうか。

目的がハッキリしている物だけ買う

娘のお友だちや仕事関係の来客が増えたため、新しいソファを購入。
ソファ：幅200×奥行100×高さ40cm　eilersen SAVANNA SYSTEM SOFA ／ ACTUS ※オーダー

家具に関しては「どのように使いたいのか」によって、選ぶ物が変わってきます。この春、わが家ではリビングのソファを買い替えました。今までのソファには愛着もあったのですが、使用目的が変わったことを機に、手放すことにしたのです。これまで、ソファを置く目的は「家族がゆったりくつろぐ」こと。ラクに座れる高さで奥行のあるソファは、居心地のいい物でした。

新しいソファはダイニングとリビング、どちらに向かっても座れる物を購入。理由は、わが家のダイニングテーブルには4人しか座れず、せっかく来ていただいたお客さまが、ダイニング側とソファ側に分かれて座ることもあったから。

そこで、「リビングとダイニングの空間をつなぐ」という目的で、新しいソファを選びました。とは言っても、ソファの買い替えまでには何度もお店に足を運び、数ヵ月間、悩みましたが……。

「家具を使っている自分」を想像する

子どもたちが遊んだり、テレビを観たり、息子がお昼寝したり……。
来客以外にも色々な用途で使えるソファは、なくてはならない存在。

家具を購入する時や配置を決める時、必ず気にすることが3点あります。1つ目は「現在の住まいの間取り」、2つ目は「家具のサイズ」、そして3つ目は「くつろぐために必要なゆとり」です。

どんな家具を選ぶにも、わが家の間取りに合ったサイズ選びをすることは基本です。例えばソファの場合、大きければくつろぐことはできますが、生活するスペースを圧迫するようだと、どうでしょうか。その家具を置いても、生活スペースを圧迫しない大きさを選ぶ必要がありますよね。

そして、見落としがちなポイントでもありますが、「どんな風にソファに座るのか」ということも考えなければいけません。つまり、「必要なゆとり」です。例えば、「ソファに座る時は、足をダラッと前に伸ばして座りたい!」という場合。足を伸ばした時のことまで考えて、家具の大きさや配置決めをすることが、心地よい空間づくりの近道になります。

FIRST FLOOR
1階

梶ヶ谷家の家具・家電

家具も家電も、置く空間に合ったデザインやサイズを選んで。
心から気に入った物を家族の一員にして、一緒に過ごせるように。

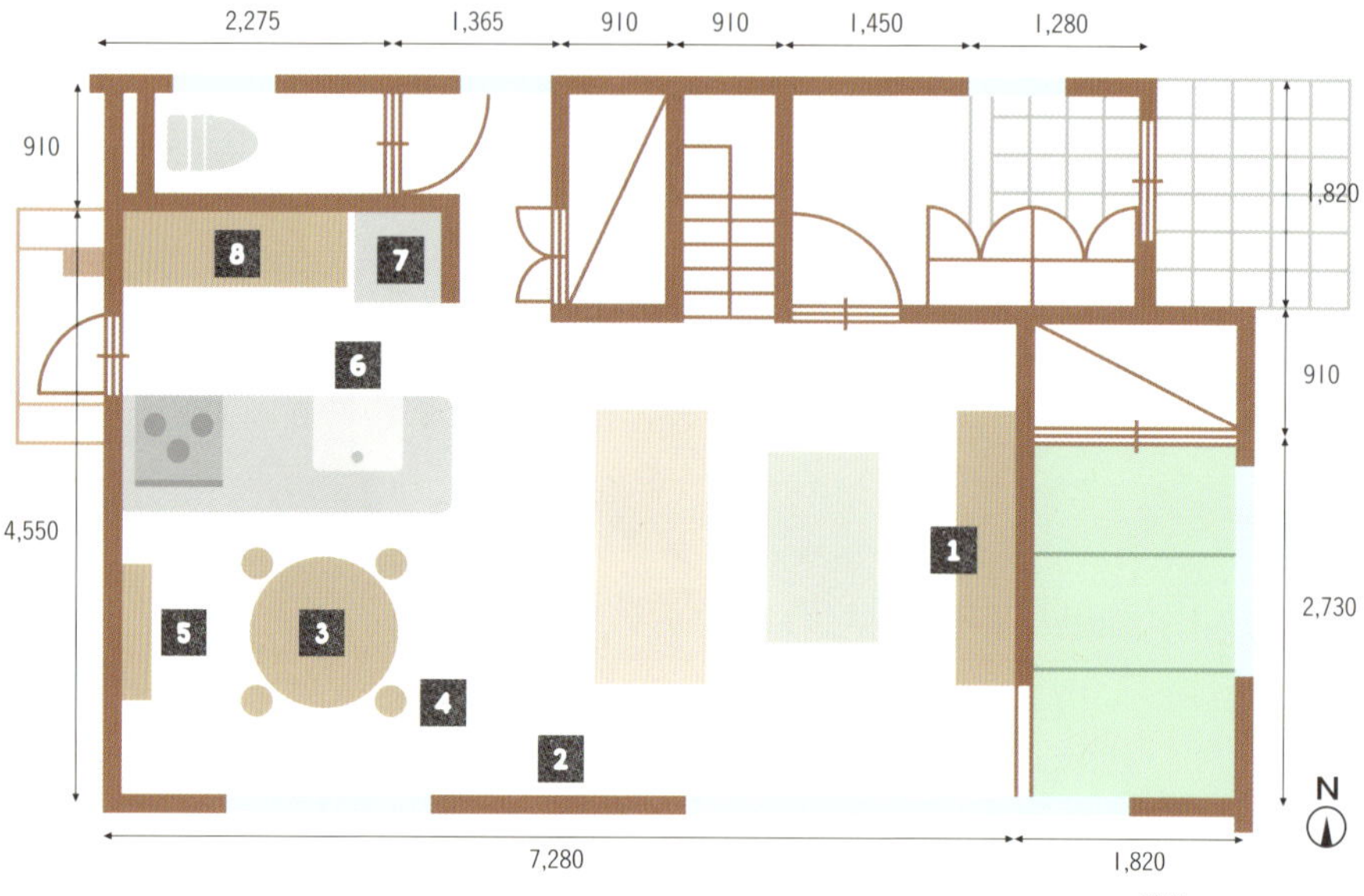

2 気化式加湿器

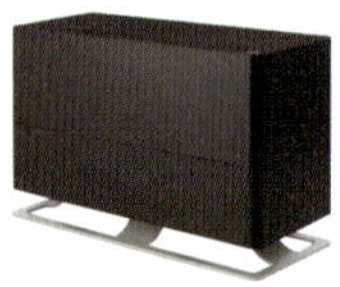

幅47×奥行20×高さ29cm
StedlerForm OSKAR BIG エバポレーター
気化式加湿器 ブラック／㈱アントレックス

熱風や蒸気を出さない加湿器なので、子どもがいても安心して使えます。リビングの雰囲気に合ったデザインの物をチョイス。

1 テレビボード

幅176×奥行44.8×高さ37.4cm
SHINE 176 TV BOARD／ACTUS

リビングは子どもたちも遊ぶ場所なので、空間を圧迫しない物を購入。DVD以外に、絆創膏や薬など家族が必要とする物を収納する目的もあり、奥まで引き出せて取り出しやすいタイプに。

3 ダイニングテーブル

直径120×高さ70cm
FB DINING TABLE ROUND／ACTUS

どの方向からも行き来でき、家族みんなの顔が見渡せる丸いテーブルをチョイス。安定感のある４つ脚の物を。ナチュラル素材を選び、ダイニングを温かみのある空間に演出しています。

4 ダイニングチェア

椅子：幅46.5×奥行55×高さ81cm
イームズサイドシェルチェア／Herman Miller
子ども用椅子：幅46×奥行49×高さ79cm
Tripp Trapp／ストッケ

空間との相性を考え、黒色をチョイス。使用しない時は、座る部分をテーブル下に収納できるよう、ひじかけのないタイプを。

5 シェルフ

幅122×奥行28.5×高さ121cm
スタッキングシェルフセット・3段×3列・ウォールナット材／無印良品

生活スペースを広く確保するために、奥行の浅い物を。ライフスタイルによって変わる持ち物に対応できるオープンシェルフに。

6 シンク周り

幅80×奥行43.5×高さ18.5cm
オーダー／Euromobil

使いやすさと掃除のしやすさを考え、凹凸のない物に。水洗金具は先端が伸びてシャワーになるので、掃除もラク。掃除がしやすいと、きれいなキッチンが保てます。

7 冷蔵庫

幅68.5×奥行68.8×高さ181.8cm
NR-F506XV-SK／Panasonic　※販売終了、新モデル入手可

冷蔵庫は食器棚の隣に設置。子どもたちの成長に対応できるよう、容量が大きめの冷蔵庫を、置くスペースに合わせて選びました。空間との相性からブラックを選択。

8 食器棚

幅180×奥行58×高さ185cm　オーダー／Euromobil

どこに何を収納するかをよく考えてオーダー。重たい家電を置く部分は、体に負担のない高さで引き出せるタイプに。すべてに扉を付けて地震対策もバッチリです。

SECOND FLOOR
2階

梶ヶ谷家の家具・家電

家具・家電は将来のことも見据えて購入するのがポイント。
子どもの成長に合わせて、長く愛用できる物を。

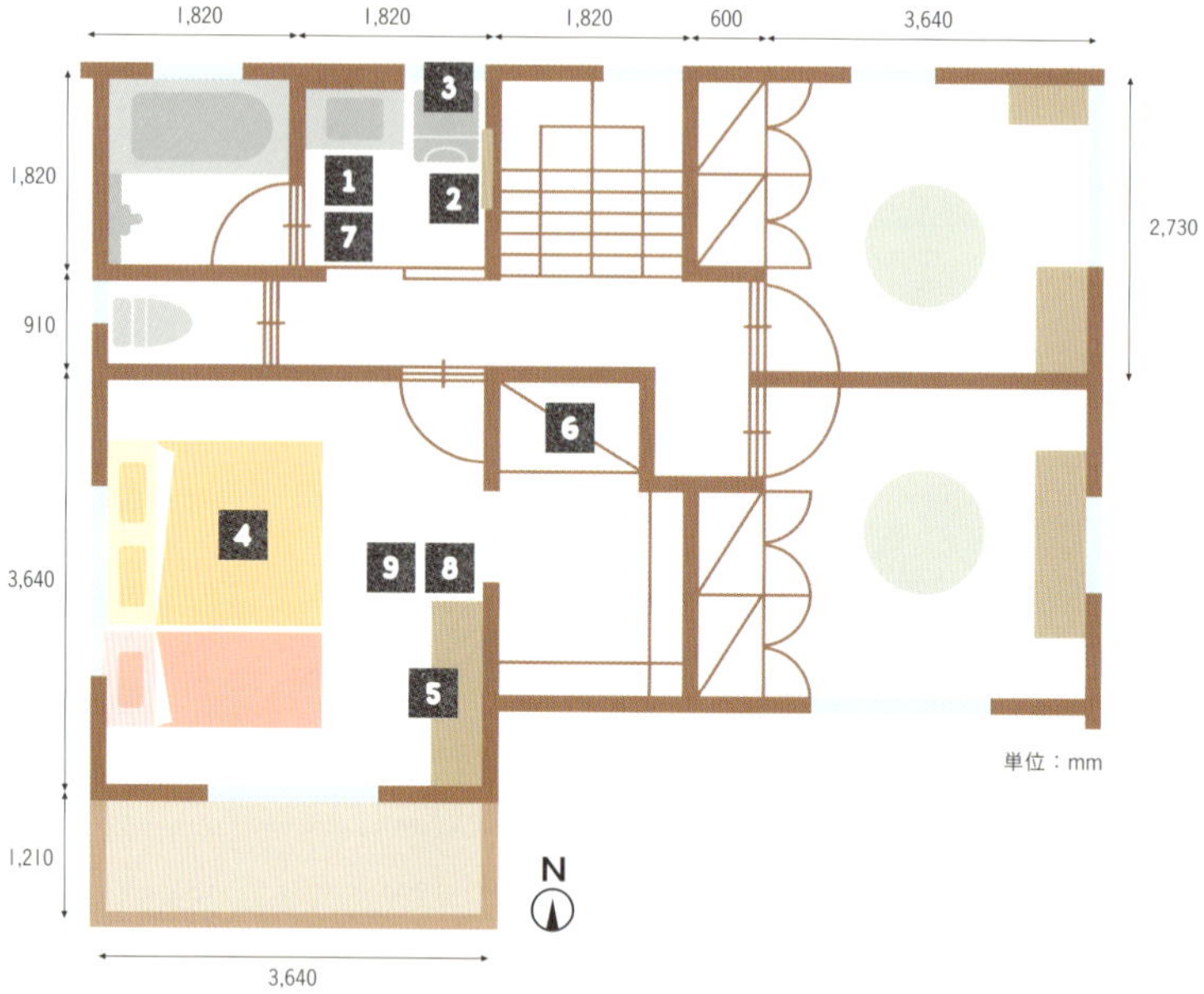

2 壁付け棚

幅60×奥行21×高さ40cm LILLÅNGEN ウォールキャビネット 扉1枚付き ホワイト／イケア

洗濯洗剤や浴室用洗剤など、子どもに手にしてほしくない物を収納するために、壁面の高い位置に設置。設置した時、収納した物の重さに耐えられるかをしっかり考えて購入。

1 チェスト

幅42.2×奥行41×高さ56.7cm（脚の高さ12.5cm）40チェスト（タンス2段 レッドオーク）／KAGU208

脱衣スペースを確保するため、洗面台下の空間に置けるサイズのチェストを選びました。コンタクトレンズなどの細かい物や、ドライヤーを収納。洗面所に温かみのある木材を。

3 洗濯機

幅63.6×奥行69.5×高さ120.9cm
ドラム式洗濯乾燥機 AWD-AQ1(W) / SANYO
※販売終了

身体的ストレスを減らすため、洗濯物を出し入れしやすいドラム式に。似たような機能が多い中、選んだ決め手はデザイン性。

4 ベッド

ダブル：幅140×奥行201×高さ70.2cm FBBED / ACTUS
シングル：幅97×奥行201×高さ70.2cm
FB BED / ACTUS ※販売終了、新モデル入手可

ダブルとシングルを並べ、家族4人で寝られるように。いずれ、娘の部屋に移動するシングルは、ベッド下が収納に使える物を。

5 チェスト

チェスト部分：幅120×奥行48×高さ73cm / ACTUS
テーブル部分：幅124×奥行48×高さ77cm / ACTUS
※販売終了、新モデル入手可

空間を圧迫しないよう、奥行の浅い物を。空間に合わせて2通りに幅を変えられるのがGOOD。現在は置いた壁面の幅に合わせて使用。

6 机&椅子

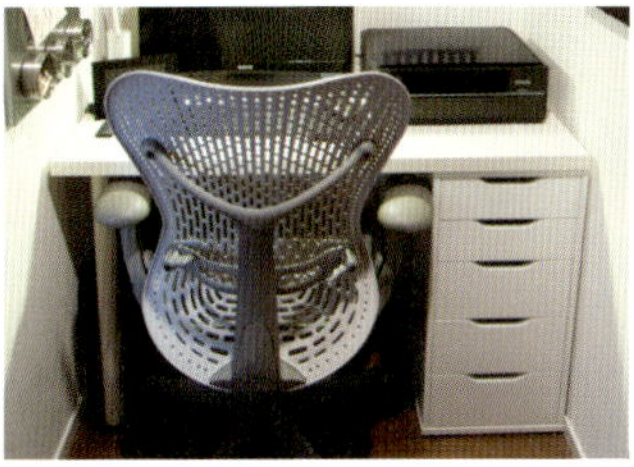

机：幅150×奥行75×高さ74cm
LINNMON / ALEX テーブル ホワイト / イケア椅子：
幅68×高さ94～105.5×座面高さ38～49.5cm
ミラチュア / Herman Miller ※新モデル入手可

スッキリした空間にするために、机は白を。椅子は座り心地とデザイン性が決め手。

7 ドライヤー

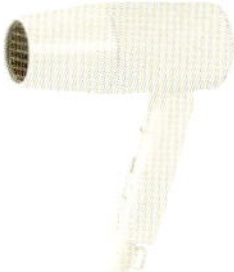

幅18×奥行7.4×高さ22cm デュアルファンマイナスイオンヘアドライヤー
型番：KCD-R121 / 無印良品

収納スペース（洗面所のチェスト）に入るよう、コンパクトなサイズのドライヤーを選びました。

8 掃除機

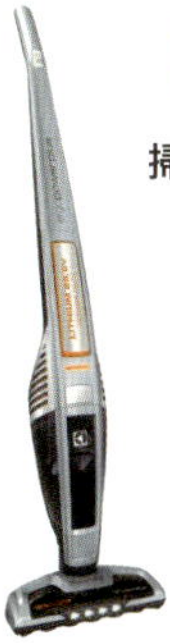

幅26×奥行16×高さ109cm
エルゴパワー・プラス
ZB5012P / エレクトロラックス・ジャパン
※販売終了、新モデル（エルゴパワー・リチウム）入手可

独立して立ってくれるスマートなデザイン。吸引力が強く、コードレスなので気に入っています。

9 ふとんクリーナー

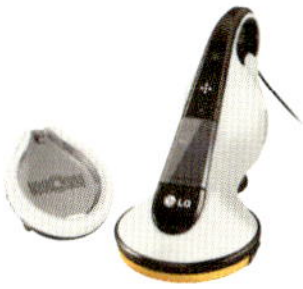

ふとんパンチクリーナー
VH9201DS / LGエレクトロニクス
※販売終了、新モデル入手可

花粉症持ちの子どもがいるので、布団を外干しできないわが家にとって、とても強い味方です。

「今、使っているか・いないか」で判断を

以前、リビングにテーブルを置いていましたが、息子の出産を機にリサイクルショップへ。
おかげで、子どもたちが思いっきり遊べるスペースができました。

家具や家電は一度、家に取り入れると、なかなか出て行かないもの。だからこそ、家具や家電選びは慎重に考えます。強い思いを入れて購入することが、長く大切に使うことにもつながります。とは言っても、必要な家具や家電は日々、変化するもの。家族が増えれば家具も増えたり大きくなったり、ライフスタイルが変われば家電に求める機能が変わることも。例えば、これまではゆっくり洗濯物を干す時間があったけれど、今はそんな時間すら取れないという場合は、乾燥までできる洗濯機のほうがラクですよね。家具や家電の見直しが、効率のいい生活につながることもあります。

わが家では、一年に一度は家具・家電の見直しをします。一年間、使われなかった物は「今の生活に必要ではない物」と判断し、手放すことにしています。基準は「壊れているか・いないか」ではなく、「今、使っているか・いないか」。なるべく、リサイクルショップを利用します。

理想と現実の折り合いをつける

子どもの誕生日には、部屋を賑やかにデコレーション。凝った物ではなく、壁に貼ってすぐはがせるバースデーセットを買って飾ります。

わが家では、玄関・リビング・ダイニングに、観葉植物を置いています。１日の中で、ゆっくりする瞬間をつくるきっかけにもなる存在です。

おひなさまも兜も、テレビボードの上に飾ることを考えて大きさを決めました。音楽が流れるタイプで、子どもたちもお気に入りです。

忙しくしていると、家族がいることのありがたさを忘れがち。結婚式や子ども、祖母の写真を飾ることで、大切な気持ちを忘れないように。

「シンプル」「北欧」「モダン」など、理想の空間はそれぞれですよね。理想に近付けるための物選びは、とても楽しいものです。私は、シンプルな空間が好きです。本音を言えば、すべてをモノトーンにしたいくらい。ですが、わが家には2人の子どもがいますし、私の理想ばかりを詰めた空間にはできません。そこで、「シンプルの中に温かみのある家」をテーマにした部屋づくりを心がけています。温もりのある木材の家具を選んだり、グリーンを置いて気持ちがほっこりするような空間に。子どもが描いた「絵」もインテリアの1つ。どんな物よりも、私を笑顔にしてくれます。

「シンプルの中に温かみのある家」にするには、「家族が快適に過ごせること」が大切。すべてが見えないように収納すれば、シンプルな空間になりますが、家族が生活しづらければ意味がありません。「生活のしやすさ」と「安全性」を考えて、しまう物と出す物のバランスが取れるように心がけています。

RECIPE 04

梶ヶ谷家の収納スペース

収納スペースの形態によって、出し入れしやすい場所は変わります。
ここでは、わが家の収納スペースを徹底紹介します！

わが家の分類

BEST
体の負担がなく一番、出し入れしやすい場所。

OK
BESTの次に、物を出し入れしやすい場所。

KID'S
子どもにとって一番、出し入れしやすい場所。

わが家の食器棚（124～127ページ）は、2つとも観音開き。それぞれ、BESTはセンターの部分、OKはその左右のゾーンで、KID'Sは下半分です。

観音開き

中央から左右に向かって扉を開く

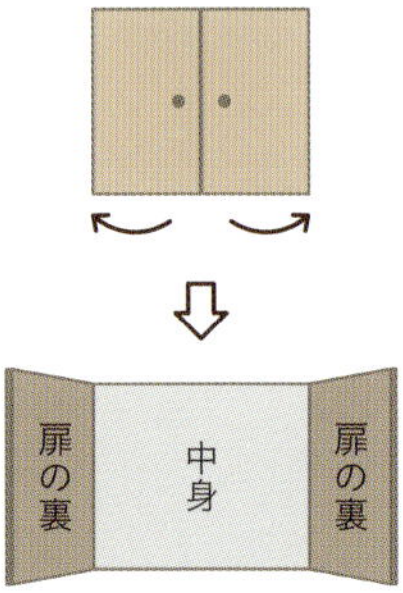

片開き

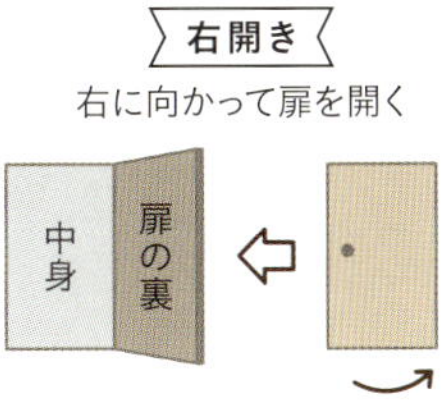

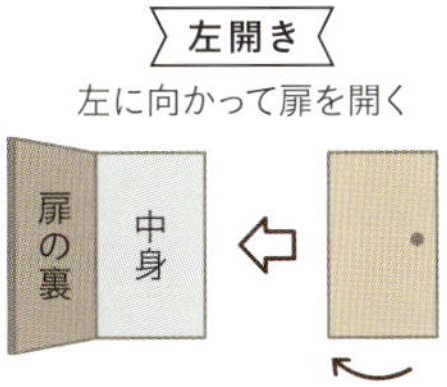

わが家の洗面所・鏡面棚（154ページ）は左開き。左開きの収納は、扉を開けた時にすぐ手に取れる右側ほどBESTになります。

その他

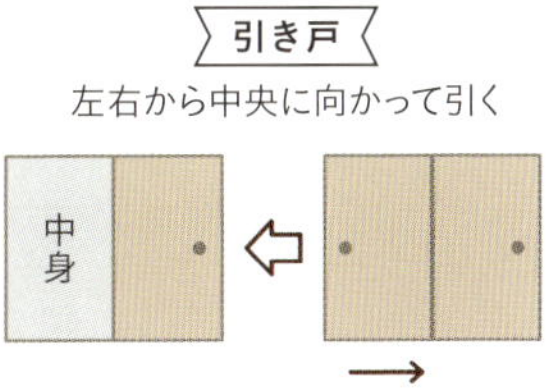

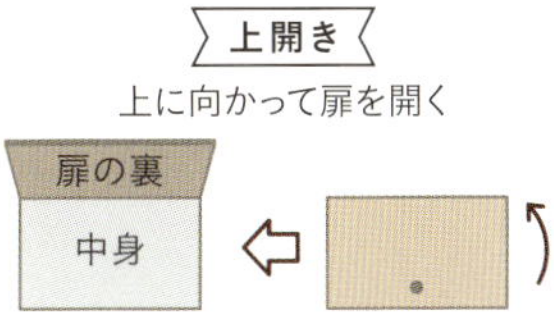

わが家の押し入れ（134〜137ページ）は引き戸。BESTは戸を引いたらすぐ見える左右ラインの中央になります。KID'Sは下部。

引き出し

わが家のテレビボード（116〜117ページ）は引き出しタイプ。BESTは引き出しの手前、奥に行くほど取りづらくなります。

※出し入れしやすい場所は、個々の身長によっても変わります。BESTは、しゃがんだり背伸びしたりせず、立ったままの状態で出し入れできる「腰から目線」の高さです。

06 冷蔵庫／ KITCHEN

03 シェルフ／ DINING

梶ヶ谷家の収納スペース徹底紹介します！

07 シンク下／ KITCHEN

04 食器棚／ KITCHEN

01 テレビボード／ LIVING

08 押し入れ／ TATAMI ROOM

05 コンロ下／ KITCHEN

02 階段下収納／ LIVING

昨年、出版させていただいた『子どもがいてもできるシンプルな暮らし』（すばる舎）は、私が想像する以上に多くの方が手に取って下さり、本当に感謝の気持ちでいっぱいです。

同時に、皆さまからたくさんのご質問もいただきました。中でも多い質問が、わが家の収納スペースについてです。「収納スペースのサイズは？」「収納用品は、どこのメーカーですか？」「どこに何を収納するか、どうやって決めていますか？」「収納スペースの中身を全部、見たいです！」などなど。

そこで、皆さまの「ここが見たい・知りたい！」をギュッと凝縮し、わが家の収納スペースを余すところなくお見せしたいと考えました。

ただ、ここでお見せするのは「梶ヶ谷家の収納スペース」です。わが家の方法が、整理収納の正解ではありません。ですが、何か1つでも、皆さまのお役に立てていただければ幸いです。

15 鏡面棚・チェスト／UTILITY

12 クローゼット／BEDROOM

09 壁面棚／ENTRANCE

16 壁面収納／UTILITY

13 チェスト／BEDROOM

10 物置き／GARDEN

17 棚／TOILET

14 PCスペース／BEDROOM

11 クローゼット／KID'S ROOM

2階 | SECOND FLOOR

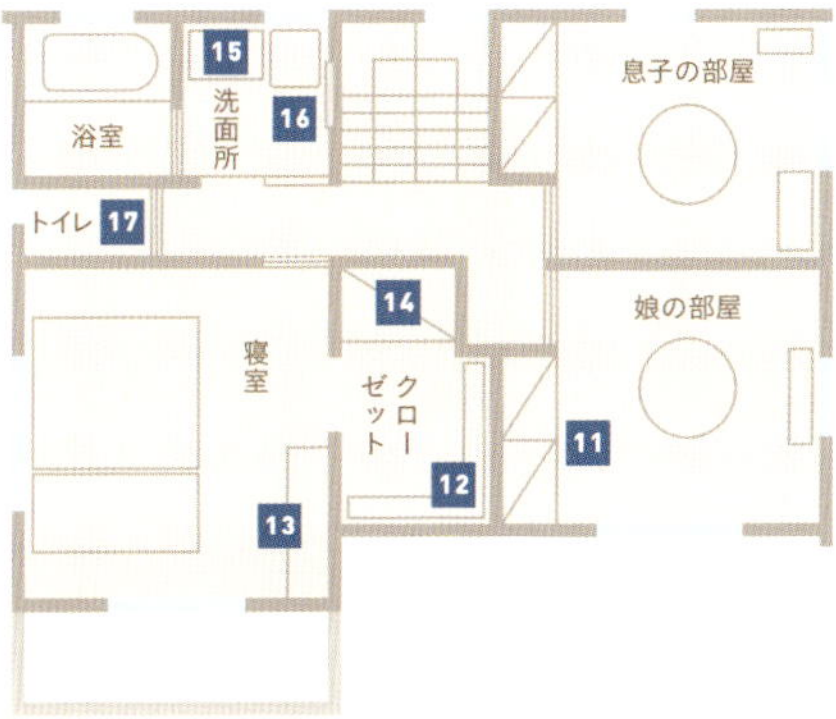

1階 | FIRST FLOOR

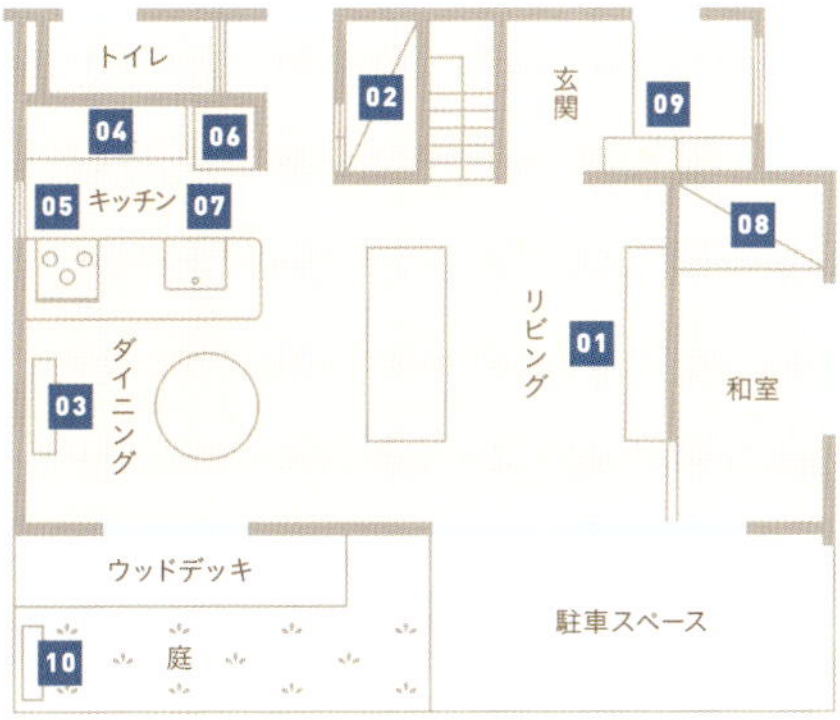

テレビボード（引き出し）

引き出し内は「重ねない収納」で、ひと目でわかりやすく。
取り出しやすい手前には、娘のグッズを集めて。

01

ヘアピン
ヘアゴム

娘の髪結いはリビングで。娘が自分でゴム選びができるよう、種類別にケースに入れてラベリング。

02

カチューシャ

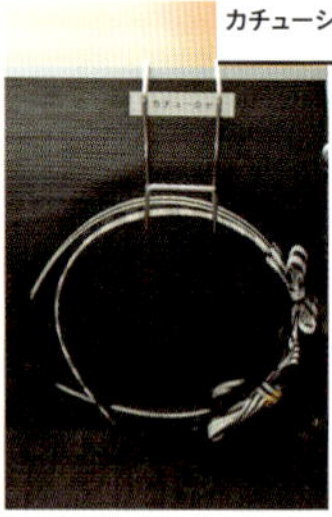

収納しづらいカチューシャは、扉専用フックに引っかけて収納。居場所をつくってゴチャつき防止。

03

髪飾り

かさばるシュシュやヘアバンドは、フタのないケースに収納。重ねず並べれば選びやすくなります。

04

共有グッズ

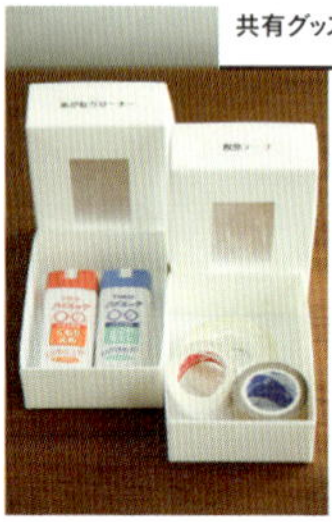

めがねクリーナーと救急テープはそれぞれケースに。使いたい時に自分で出し入れできるように。

05

試供品

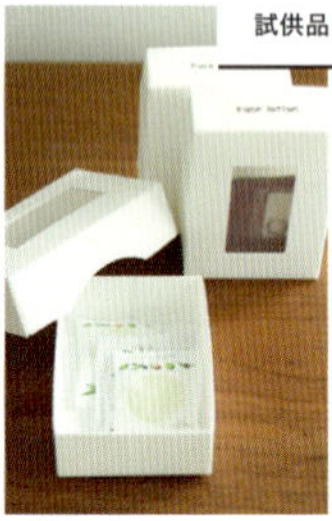

旅行時、忘れず消化できるよう試供品は取りやすい場所へ。私だけ使うので英語ラベルでもOK。

06

ティッシュのストック

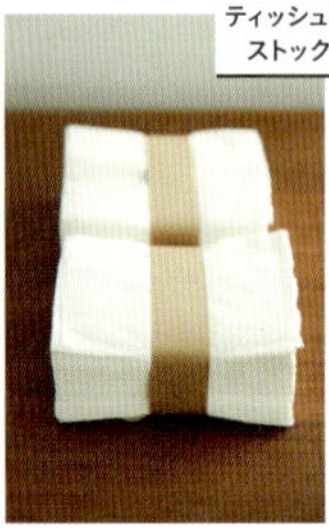

リビングで使用するティッシュのストックもテレビボード内に。過剰ストックしないのがルール。

07

私の髪飾り

1階で髪を結わくことが多いので、娘の髪飾りとともに私の髪飾りもテレビボードに収納して。

08

細々した物

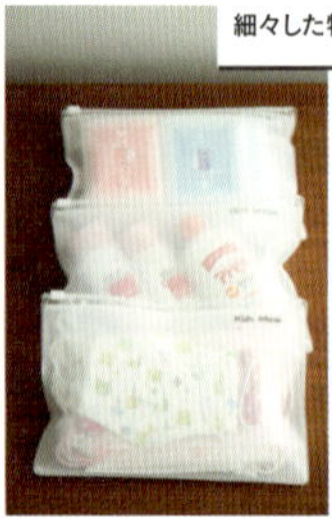

家族の使用頻度が高い物を、個別にクリアケースに入れて収納。よく使う物ほど手前に置きます。

お役立ち ITEM

細々した物を収納するのに便利。［ボックス］

幅10.5×奥行7.3×高さ3.1cm komadoホワイト（8個セット）／mon・o・tone

［ケース］

中身が見えて、割れないケースは子どもにも◎。
EVAケース・ファスナー付 B6／無印良品

案外場所を取るCDやDVDの付属ケース。これに移せばスッキリ解決。［ケース］

ポリプロピレンCD・DVDホルダー・2段 40枚収納（80ポケット）／無印良品

09

常備薬

常備薬はしまい込まず、家族の集まるリビングに。私が不在時でも家族が困らない収納が目標です。

10

CD
DVD

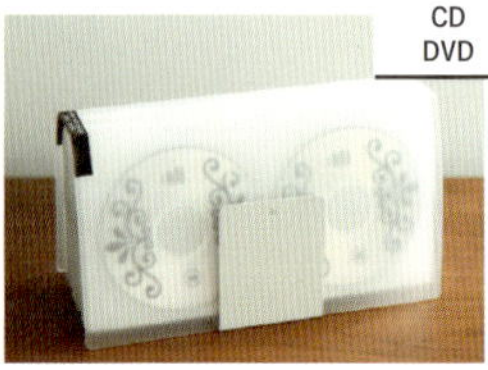

CDやDVDはケースから出して専用ファイルに。ブックエンドで挟んでファイルが崩れないように。

01／ケース（5種類）：ヘアピン、小さいヘアゴム、大きいヘアゴム、かざりつきヘアゴム、ディズニーヘアゴム
05／ケース（3種類）：保湿液、保湿クリーム、洗顔クリーム　※ラベルは英語表記
08／ケース（10種類）：手前から、ヘアブラシ、絆創膏、子ども用マスク、ポケットティッシュ、大人用マスク、スキンケアクリーム、目薬、点鼻薬、冷却ジェルシート、消毒薬＆ガーゼ
10／ファイル（4種類）：子ども用DVD、音楽＆映画のDVD、ドラマのDVD、音楽のCD

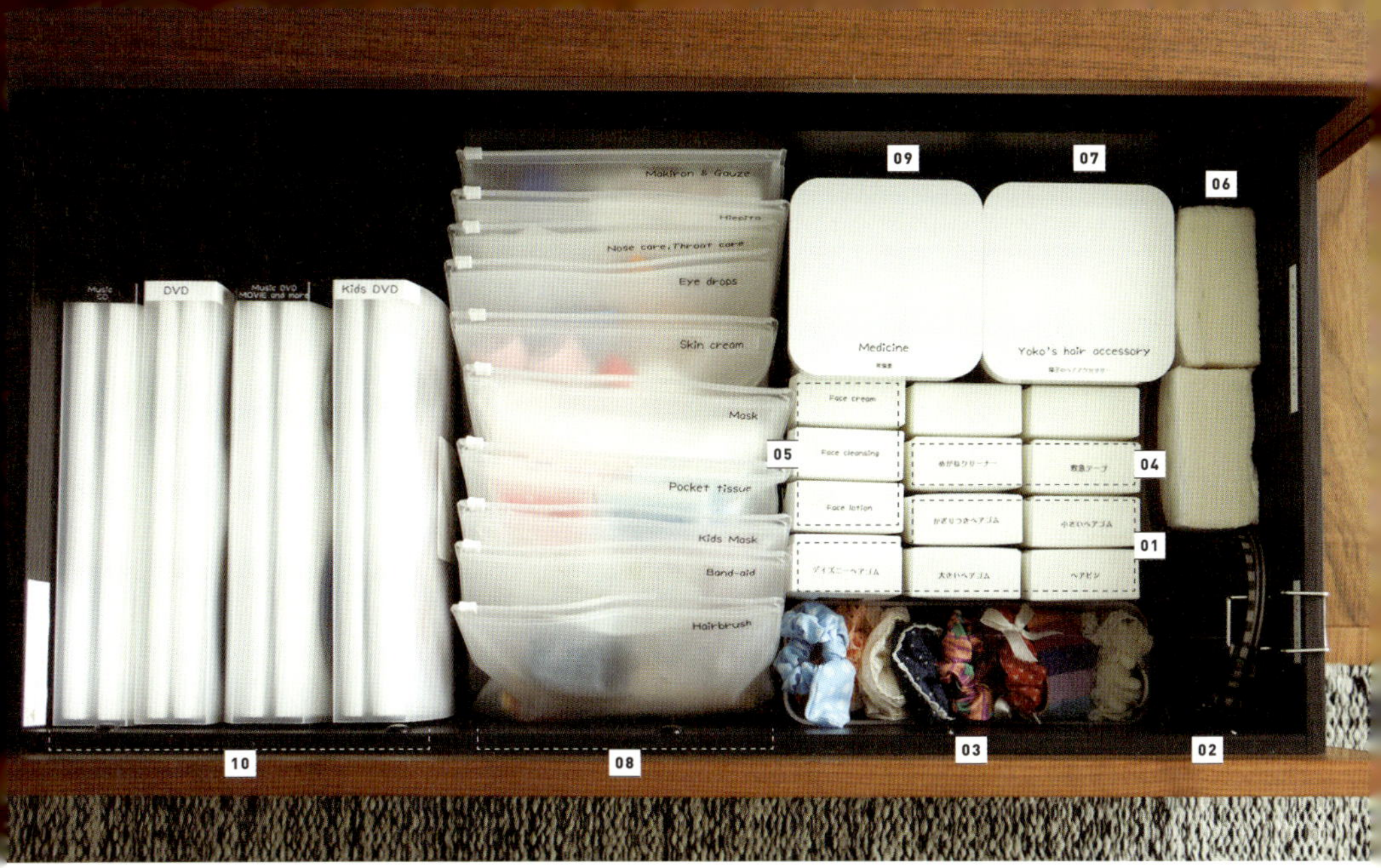

SIZE(テレビボード)/幅176×奥行44.8×高さ37.4cm　※引き出しの幅は88cm

11

ビデオセット

子どもたちの記録をいつでも撮れるように、リビングにビデオカメラと充電器をグルーピング収納しています。

12

ラベルプリンターセット

ラベルをつくりたい時にすぐ出せるよう、ラベルプリンター(39ページ)を収納。説明書とテープのストックも一緒に。

高さ違いの棚を組み合わせて、変形した階段下のスペースを有効活用。
空間をしっかり分析して、押し入れに続く強力収納庫に。

01 資料・本

資格勉強のための資料や趣味関連の本など、使用頻度の低い物は分類してファイルボックスへ収納。

02 取扱説明書

家電や家具の取扱説明書を収納。ファイルは家具・家電を使う「場所」で分ければ管理がラクです。

03 本

残したい本は、フタ付きボックスに入れればホコリかぶりも防げます。タイトルが見えるように立てて。

04 エプロン

私のエプロンと娘のエプロンは、キッチンから近い階段下収納に。娘が自分で出し入れできる高さへ。

05 床掃除アイテム

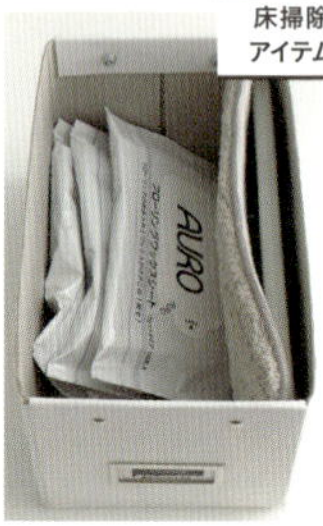

床掃除に使う物をまとめて。04のエプロンと床掃除アイテムは、家事グッズとしてまとめて配置。

06 ストックなど

キッチンやダイニングで使用する細々した物やストック類。アイテム別に、それぞれ引き出しに収納。

ガムテープや両面テープ、テープ類をまとめて。

電池はパッケージから出してすぐ使える状態に。

輪ゴムとつまようじのストックを保管。

キッチンスポンジのストックも階段下収納に。

ゴミ袋のストックは、キッチンに近い場所が最適。

冠婚葬祭やお正月など行事に使う封筒はここに。

冠婚葬祭の時、ダイニングで使う筆ペン類。

アルバムを飾る時のシール。思い出収納の近くに。

ダイニングで使うフェルトペンをまとめて。

01 ／ファイルボックス(3種類):右から、勉強の資料、趣味&ビジネスの本、住宅書類
02 ／ファイル(4種類):手前から、リビング、キッチン、その他、各部屋の水回り

SIZE（階段下収納）／910×1,820mm

階段下収納（オープンタイプ）

07 雑誌

仕事の取材や撮影で掲載された雑誌は、掲載記事だけ切り取ってポケットファイルへ保管。

08 勉強セット

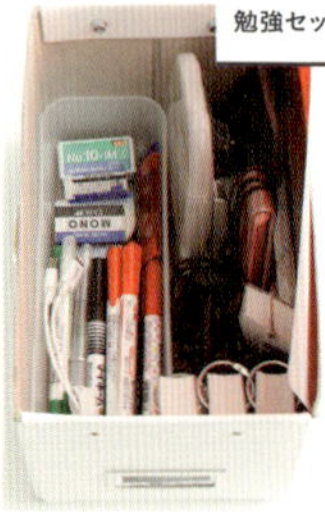

資格勉強のため私だけが使う文房具。家族共有の文房具は取り出しやすいダイニングのシェルフに。

09 書道セット

筆や墨汁をまとめてボックスに。年に一度ほどしか使わないので、上のほうに配置しています。

10 各種書類

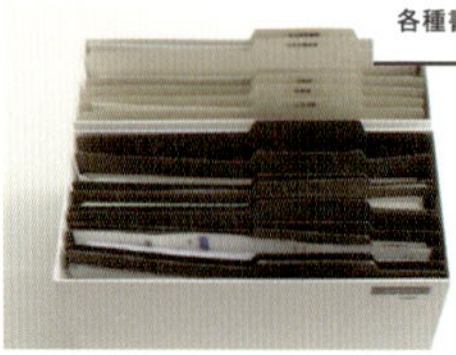

なくしてはいけない大切な書類をまとめて。インデックスを付けて、探す手間のないように。

11 おもちゃ

１階のリビングで遊ぶおもちゃは階段下に収納。上段が娘用、下段が息子用のおもちゃを。

12 よく使う本

右の3つが仕事関連の資料、左の2つが趣味の本。趣味の本は、ここに入る量だけ持つと決めて。

13 家族共有の思い出の物

家族共有の思い出の物は、すぐに取り出せる場所に保管して家族のコミュニケーションアイテムに。

14 私・主人の思い出の物

私や主人の思い出の物をまとめて。ファイルボックスに立てて収納すれば、見失うこともありません。

お役立ち ITEM

［引き出し］

ダンボール収納で子どもでも持ち運びできる軽さ。組み立て式です。

ダンボール引出・2段（パルプボードボックス用）約幅34×奥行27×高さ34cm／無印良品

15 思い出の物

家族で遊びに行った場所のチケットやパンフレット類で手放せない物は、まとめてボックスに収納。

16 写真・手紙など

アナログ時代の写真や手紙。写真は「結婚式」「留学」など、内容ごとに分類してそれぞれケースに。

17 子どもからのプレゼント

子どもが書いてくれた手紙や似顔絵、折り紙でつくってくれた花など、もらったプレゼントを収納。

18 幼稚園時代の子どもの作品

幼稚園時代の作品はここに入る量だけ残しています。すぐ手に取れる場所に置いて、忘れないように。

19 小学校時代の子どもの作品

どんどん増える小学校時代の作品はこの引き出しに入れ、学期ごとに子どもと一緒に見直します。

20 思い出の物

結婚式でいただいた寄せ書きや、子どものへその緒など、絶対に手放したくない物をまとめて収納。

21 白い紙

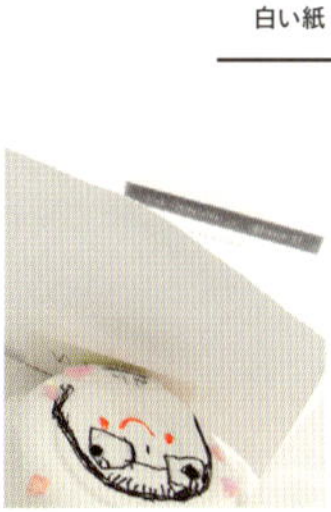

中身が透けて見えないように、ボックスの手前に白い紙を挟めば、見た目がスッキリします。

16／ケース（6種類）：アナログ時代の写真が5種類（留学、クラブDJ、結婚式、家族、幼稚園）、残り1種類は手紙　※ラベルは英語表記

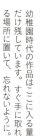

シェルフ（オープンタイプ）

オープンタイプのシェルフは、用途に合わせて“見せ収納”を。
娘の腰の高さになる２段目に、通学グッズをまとめて。

01 仕事関係のグッズ

私が使う細々したグッズ。ケースで細かく仕切って居場所を明確にすることで、作業効率アップ。

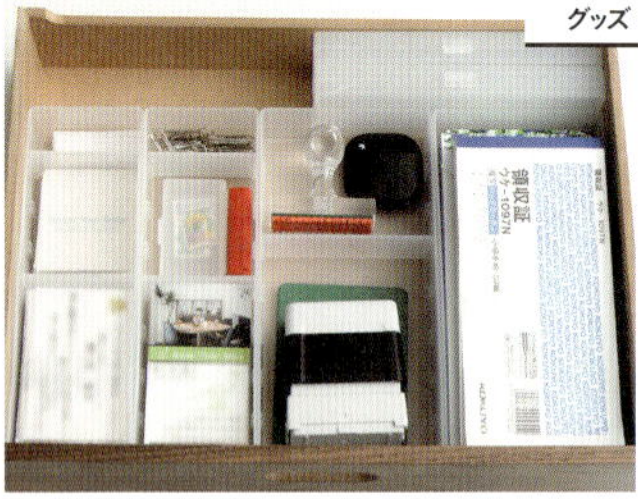

02 仕事関係のグッズ

封筒や電卓など、私の仕事のお供を収納。**01**の引き出し上段より大きい物を集め、仕切りケースで分類。

03 書類

引き出しに重ねて収納するプリントは、インデックスをつけて分類。重ねても探さずに済む工夫を。

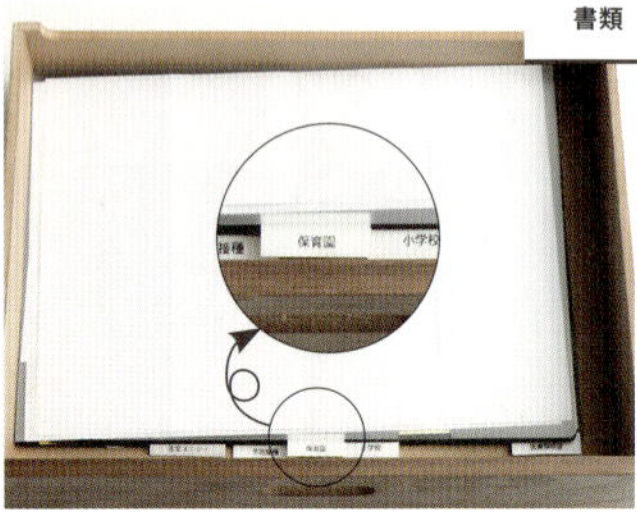

04 文房具

家族共有の文房具は、娘の手が届く高さに。文房具は「今、使っている物」だけ厳選して入れます。

05 娘のグッズ

娘専用の引き出しをつくって色えんぴつやノート、アクセサリーづくりグッズもまとめて収納。

06 娘のグッズ

ダイニングで宿題をする娘のため、ここも娘専用の引き出しに。中に入れる物は本人が決めています。

07 手紙セット

ふせんや便箋を収納。お友だちに手紙をよく書く娘のため、**06**の娘専用の引き出しの下に配置。

08 診察券 お薬手帳

娘・息子・私&主人、3つのケースで診察券やお薬手帳を管理。何かあった時にすぐ出せる場所に。

01／収納している物：宛名シール、領収証、会社スタンプ、名刺、クリップ、切手、ふせん　※宛名シールは白いケースに入れた状態
02／収納している物：イヤホン、筆箱、定規、充電器、電卓、USBメモリー、封筒
03／インデックス（５種類）：右から、医療領収証、小学校、保育園、予防接種、注文メニュー
04／収納している物：ホチキス、ドライバーセット、ふせん、ペン、ストック（ホチキスの芯、セロハンテープ）、マスキングテープ、セロハンテープ、修正テープ、はさみ　※ストックは白いケースに入れた状態

SIZE（シェルフ）／幅122×奥行28.5×高さ121cm

09 インテリア 鉛筆けずり

子どもの絵やアルバムなどは目のつく場所に飾って。娘がよく使う鉛筆けずりは出しっ放しに。

10 娘の通学グッズ

ランドセルは入れるだけ、帽子はフックに引っかけ収納、移動ポーチや名札はボックスにまとめて。

11 娘の教科書など

仕切りスタンドを使って教科書や本を分類。ランドセルの横に置けば、翌日の準備もスムーズ。

12 仕事関係の書類

ダイニングで仕事をすることも多いので、仕事関係の書類をファイルボックスに立てて収納。

13 ゲーム

娘が小学生になって購入したテレビゲーム。やり過ぎ防止のために、あえてテレビから離れた場所へ。

14 仕事の資料 娘のプリント

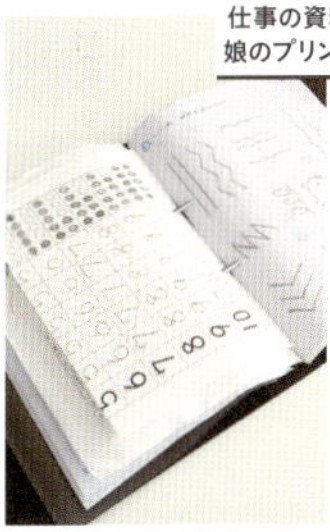

仕事関連の資料や、小学校から配られるプリントは、2穴タイプのファイルに分類して収納。

15 郵便物など

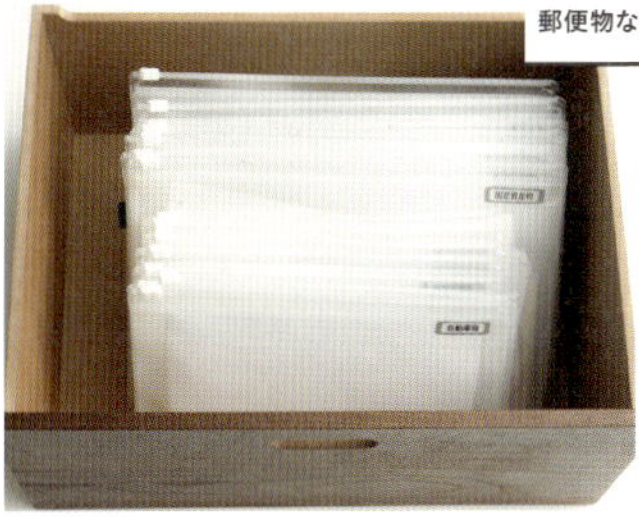

ハガキサイズの郵便物は、細かく分けてクリアケースに。いざという時、すぐに取り出せるしくみに。

16 本

自身の本を数冊、引き出しに収納。打ち合わせの際に、クライアントさんにお渡しすることも。

12／ファイルボックス（4種類）：右から、整理収納アドバイザーの認定講座に関する書類、封筒をまとめて、勉強のための書類、期限付きの書類

14／2穴ファイル（5種類）：右2つが学校で配られたプリント、左3つが仕事関連の資料

観音開きの食器棚は、各段の中央スペースが取り出しやすい場所。
中でも調理台の正面はVIP席なので、一番使う食器を置いて。

01 使用頻度の低い物

遠足グッズなど使用頻度の低い物は、それぞれグルーピングしてボックスに入れ、上段へ収納。

02 来客用カトラリー

来客用のカトラリーは、お気に入りの陶器に入れて収納。来客時にはそのまま出せるので便利。

03 コの字ラック

限られた棚数を有効に使うため、コの字ラックで収納量をアップ。しならず耐久性のある物を使用。

04 来客用食器

「紅茶セット」「コーヒーセット」「お茶セット」「子ども用セット」で、用途ごとにグルーピング。

05 短いストロー

息子がドリンクを飲む時に使うストロー。よく使うので、ドリンクが入った冷蔵庫の近くに配置。

06 普段用の食器

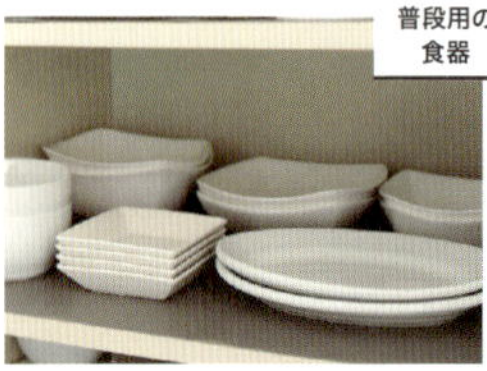

普段使いの食器は奥の物でもラクに出し入れできるよう、重ね過ぎずスペースにゆとりを持たせて。

07 子ども用食器

子どもが出し入れできる高さに、お皿は取り出しやすいよう立てて。割れない素材を選べば安心。

08 使用頻度の高い食器

よく使う食器は調理台の正面に配置。盛り付けなどの時短を考えて、身動きが少なく済むように。

09 ストック細々した物

薄力粉やパン粉は、すべて入り切る容器に入れて。詰め替える時まで買い足さないようにしています。

10 調味料

砂糖や塩は、同じサイズの容器に移し替えて。手伝ってくれる子どものため、低い場所に配置。

11 ストック

カレールーなど横にしてもOKの固形物はボックスに並べて。ストックはまとめたほうが管理もラク。

12 家電トレー

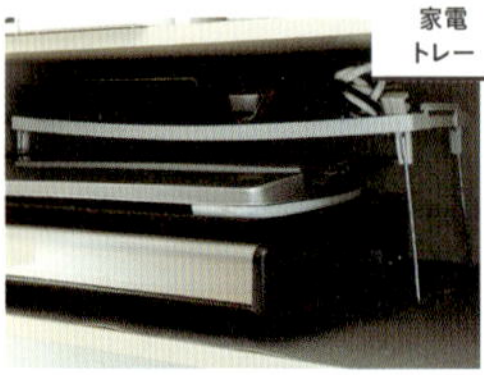

大きなホットプレートは下段に。デッドスペースを活用するためラックを置いてトレーやコードを収納。

01 ／ボックス（3種類）：右から、アイスマシーン、遠足セット、お菓子づくりセット
09 ／手前の容器（3種類）：パン粉、強力粉、薄力粉
奥の容器（9種類）：バースデー用グッズ、麦茶、シリアル、はるさめ、マカロニ、お弁当づくり用グッズ×3点、パスタ
10 ／容器（5種類）：砂糖、塩、片栗粉、コンスターチ、グラニュー糖
11 ／右上の容器：豆板醤、ラー油、ナンプラー、うま味調味料／右下の容器：ふりかけ、のり、いりごま、カットわかめ
左上の容器：インスタント食品／左下の容器：カレールー、コンソメ

SIZE（食器棚）／幅90×奥行58×高さ185cm ※食器棚全体の幅は180cm

13
水筒
お弁当箱

運動会などのイベントで使うお弁当箱＆水筒、それを入れるバッグを食器棚・奥のデッドスペースに収納。

★ 14
来客用
ソーサーなど

来客用のソーサーや小皿は立てて収納。立てると出し入れしやすく、収納スペースも有効活用できます。

15
野菜カゴ

常温保存の野菜はカゴにまとめて。よく使う野菜（じゃがいも、玉ねぎ、にんじん）、その他で仕切っています。

お役立ち ITEM

［コの字ラック］

耐久性があって大皿を載せてもしならないので、お気に入りです。

幅32×奥行28×高さ16cm
VARIERA シェルフインサート ホワイト／イケア

01
上3段

一番上の段は、急な頂き物を保管できるよう空けておいて。2・3段目は使用頻度の低い道具を収納。

02
来客用
飲み物

お茶や紅茶を常備。来て下さった方に、好きな飲み物を選んでいただけるようボックスにまとめて。

03
細々した
ストック類

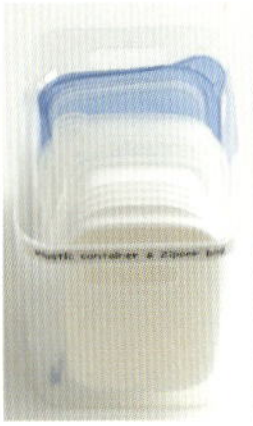

空の容器
チャック付き袋

カップ類

紙皿

紙ナプキン

子ども用ストロー
フォーク＆スプーン

息子の外出用
お食事セット×2点

パーティーグッズなど使用頻度の低い物は棚の奥に。取っ手付きの重ねられるボックスに入れて。

04
炊飯器
電子レンジ

家電を購入する時は、収納スペースをしっかり測ってサイズ選びを。わが家では、引き出せる棚に収納。

05
朝食セット

コーヒー・ブラウンシュガー・パンはセットに。パンはトースターの隣に置けば朝の準備がスムーズ。

06
ランチョンマット
手袋

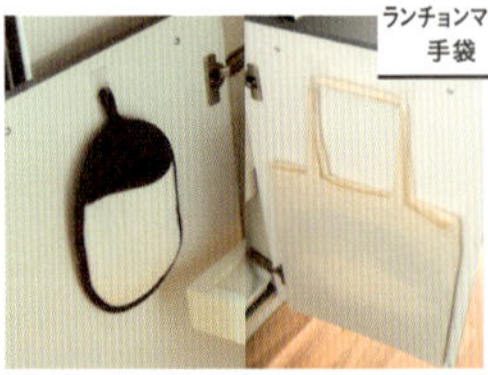

扉の裏側にフックを付け、ランチョンマットを入れたバッグやオーブンレンジ用手袋を引っかけ収納。

07
やかん
オイルポット

やかんやオイルポットは出し入れの負担を軽減するため、トレーに載せて引き出せるように。

08
おやつ

「おやつが食べたい」と言うようになった娘のため、専用ボックスを。ストックは、ここに入る量だけ。

01 ／上段：空のカゴ／２段目：大皿が数枚／３段目：寿司桶、鍋、ＩＨクッキングヒーター
02 ／収納している物：紅茶パック数種類、お茶っぱ、お茶っぱフィルター

SIZE（食器棚）／幅90×奥行58×高さ185cm　※食器棚全体の幅は180cm

引き出し収納のポイントは、重ねないこと。
取り出しやすい手前に、よく使う調理器具や子どもの物を。

01 上段

02 家族のカトラリー

家族が必要とするカトラリーだけをアイテム別に収納。来客用（食器棚に収納）と分けることで管理しやすく。

03 トング

調理に使用するトングなどは、すぐに出し入れできる上段引き出しに。収納場所を工夫すれば時短につながります。

04 包丁 ピーラー

子どもにとって危険な包丁やピーラーなどの調理器具は、子どもの手が届かない上段に収納します。

04 03 02

05 中段

06 ペン シール

「ここにあれば便利」という物を収納。わが家では、賞味期限を記入するために使うペンやシールも引き出しに。

07 お弁当グッズ

仕切りケースを利用して物の居場所を明確に。お弁当グッズや輪ゴム、つまようじなどの細々とした物もスッキリ。

08 子ども用カトラリー

空間を奥と手前で考え、よく使う物は手前に配置。子どものカトラリーは子どもが出し入れしやすい中段手前に。

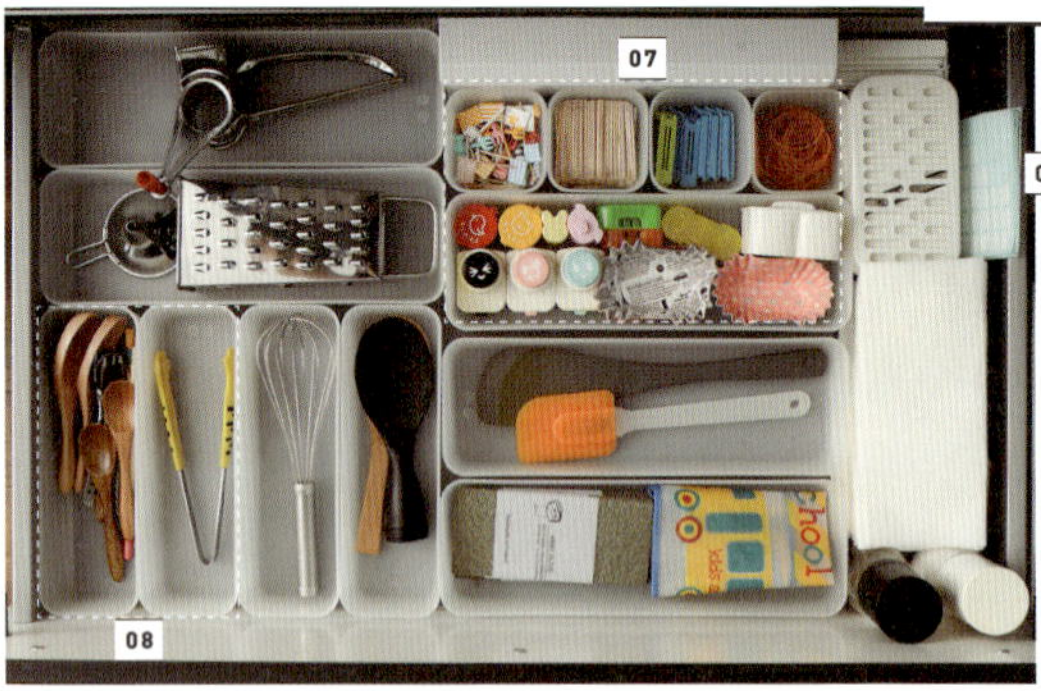

09 下段

10 調理器具

出し入れにかかる手間を省くため、よく使うフライパンやフタは、仕切りスタンドや鍋ブタ収納に立てて並べます。

11 まな板

限られた空間だからこそ、物をたくさん収納するのではなく、本当に必要な調理器具を厳選して収納。

12 空間スペース

余裕のある収納づくりが、物を維持管理できるポイント。調理器具を買い替えることも考え、スペースには余裕を。

13

キッチンツール

毎日使うキッチンツールは、S字フックに引っかけ収納。コンロの前に立った時、手を伸ばすと届く場所に吊るしています。

14

調味料

調味料は透明の容器に入れ替えれば、減り具合も一目瞭然。「英語」と「ひらがな&カタカナ」、両方のラベルを貼って、子どもでもわかるように。

15

食洗機

キッチンをオーダーした際、こだわって入れたMiele(ミーレ)の食洗機。食洗機以外に、洗い物の一時置き場としても利用しています。

KITCHEN
冷蔵庫（観音開き）

よく使う物は、効き手側のスペースに集めれば時短に。
片扉だけ開けた状態で出し入れできるようにするのがポイント。

01 麦茶

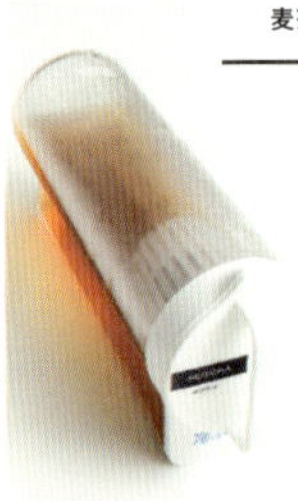

限られた冷蔵庫内の空間を案外、占領してしまうのが「お茶」。わが家では横に倒せる冷水筒を利用。

02 空きスペース

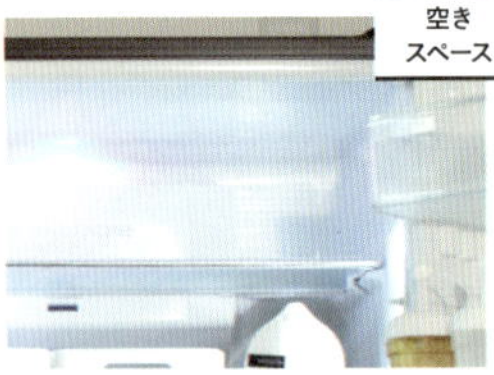

食器棚と同じく、急な頂き物があった時に対応できるよう、冷蔵庫の一番上段は開けておいて。

03 麺類

うどん・ラーメンは「麺類」のケースに。ラーメンはメンマやチャーシューも一緒に入れると便利。

04 ストック

「わが家にはいつもこれがあるな〜」という定番品以外の物は、「ストック」と表示したケースに。

05 定番品

定番品はまとめて右側に。わが家では「みそ・納豆・豆腐」が定番品なので「大豆類」とラベリング。

06 フルーツ

フルーツは購入後、すぐ洗ったりカットして容器に入れておけば、食べたい時すぐ出せる状態に。

07 朝食セット

朝食のパンに塗るジャムやマーガリンをまとめてトレーに。トレーごと出し入れすれば準備もスムーズ。

08 ジャム

市販のビンのフタは取って、そのままフタ付きコップに入れています。落としても割れないので安心。

09 デザート類

デザート類は、パッケージから出してケースに収納。娘が自分で出し入れできるよう下段に。

10 細々した物

細々した物はグルーピングしてそれぞれ容器に。同じ容器を使えば、重ねられて省スペースに。

11 肉＆魚

右下のチルドルームは冷えるのが一番早いVIP席。わが家では生肉や生魚、ソーセージなどを収納。賞味期限が見えるよう、立てて入れるように。コンビニ方式で、賞味期限の近い物を手前に置けば消費忘れの防止に。

03 ／麺類：ラーメン、チャーシュー、メンマ、味付け卵
04 ／ストック：キムチ、梅干し
05 ／定番品：みそ、納豆、豆腐
07 ／朝食セット：ジャム（ビン）2個、バター
09 ／デザート：ゼリー、ヨーグルト
10 ／容器（2種類）：チーズ＆バター、お菓子づくりセット
11 ／肉＆魚：生肉・生魚のパック、ベーコン、ソーセージ

SIZE(冷蔵庫)／幅68.5×奥行68.8×高さ181.8cm

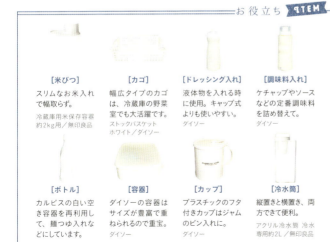

お役立ち ITEM

[米びつ]

スリムなお米入れで幅取らず。

冷蔵庫用米保存容器約2kg用／無印良品

[カゴ]

幅広タイプのカゴは、冷蔵庫の野菜室でも大活躍です。

ストックバスケットホワイト／ダイソー

[ドレッシング入れ]

液体物を入れる時に使用。キャップ式よりも使いやすい。

ダイソー

[調味料入れ]

ケチャップやソースなどの定番調味料を詰め替えて。

ダイソー

[ボトル]

カルピスの白い空き容器を再利用して、麺つゆ入れなどにしています。

[容器]

ダイソーの容器はサイズが豊富で重ねられるので重宝。

ダイソー

[カップ]

プラスチックのフタ付きカップはジャムのビン入れに。

ダイソー

[冷水筒]

縦置きと横置き、両方できて便利。

アクリル冷水筒 冷水専用約2L／無印良品

※中身は商品に含まれません。

12

ラベリング

パッケージから出して容器に移した物は、賞味期限や消費期限を書いたラベルを容器の裏に貼っています。子どもが出し入れすることもあるので、容器の表にはひらがな&カタカナと英語、両方のラベルを貼って。

13 右扉

→手前

14 ドレッシング

ビン売りのドレッシングは、プラスチックの容器に詰め替えて。子どもが手に取っても安心。

15 調味料

ソースやしょうゆ、ケチャップなどの要冷蔵調味料。よく使う調味料ほど手前に置いて。

16 左扉

手前←

17 空きスペース

詰め込み過ぎず、ゆとりを持たせて。わが家では、70％収納を目指しています。

18 ワイン

調理用の白ワインや赤ワインは、少量タイプを購入して容器に詰め替えられるように。

22 下段引き出し

米びつ

19 上段引き出し

23 野菜

調理台に近い左側のカゴには、消費期限が近く先に使いたい野菜を入れて消費を忘れず。

24 野菜

新しく買い足した野菜は右側のカゴに。取っ手付きのカゴごと出し入れできるのでラク。

20 冷凍食品

冷凍食品は重ねず仕切りスタンドに立てて収納。ほぼ毎日買い物に行くので、量は少なめ。

21 アイス

棒アイスはパッケージから出してフタなしケースに入れ、子どもが出し入れできるように。

14／収納している物：右から、ドレッシング２本、オイスターソース
15／収納している物（奥）：右から、ポン酢、麺つゆ、牛乳
収納している物（手前）：右から、しょうゆ、マヨネーズ、ケチャップ、ソース、デミグラスソース

排水管が通るシンク下は、しっかり測って空間を最大限に使用。
湿気がたまりやすいので、紙類の収納は避けたいところ。

KITCHEN シンク下（観音開き）

01 上段

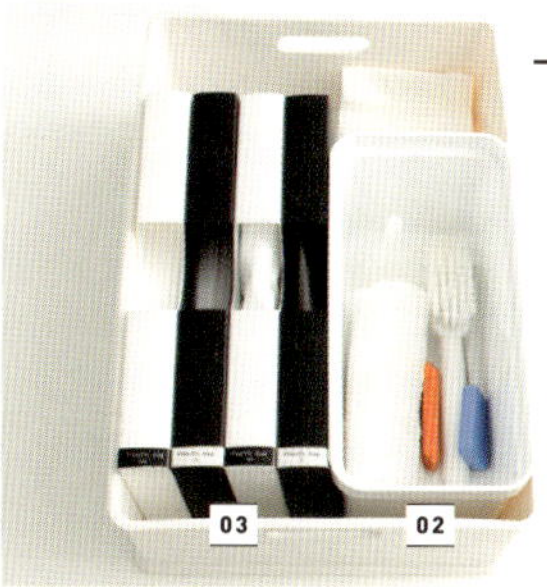

02／掃除グッズ：雑巾、ブラシ類、洗剤を詰め替える用のじょうご

03／ゴミ袋のサイズ：S・M・L・LL

04 下段

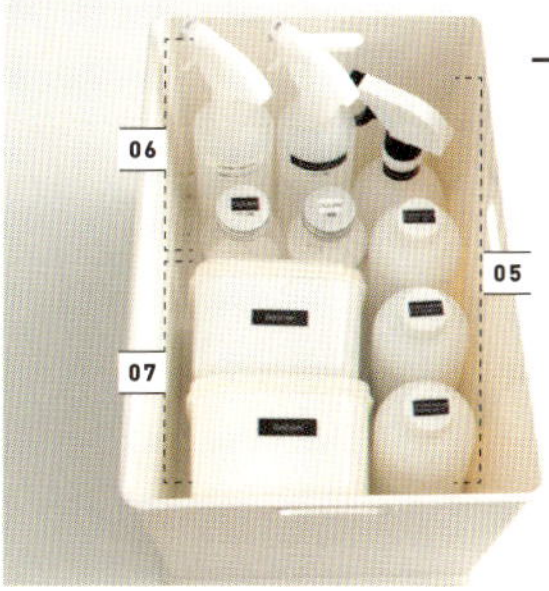

05／洗剤類：漂白剤、食洗機用の洗剤＆乾燥剤、食器用洗剤

02 掃除グッズ

細々した掃除用具はボックスに入れてひとまとめに。たくさん持つよりも、本当に使う物だけを持って。

03 ゴミ袋

ゴミ袋はサイズ別にケースに入れて収納。重ねないで立てて並べれば、取り出しやすさアップ。

お役立ち ITEM

[ケース]

ケースに入れればゴミ袋も立てて収納でき、出し入れしやすい。

キッチン消耗品用ケース（ホワイト）／mon・o・tone

05 洗剤類

洗剤類は、すべて容器に詰め替えて。容器を統一すれば収納しやすく、見た目もスッキリします。

06 重曹 クエン酸

ササッと掃除する時に使用する重曹とクエン酸は、スプレー水にして常備。ストックもここに保管。

07 スポンジ サビ落とし

メラミンスポンジやサビ落としなど定番の掃除アイテムは、すべてが入り切る容器に入れて収納。

08 レジ袋

扉の裏面にタオルハンガーを2本設置して、レジ袋を挟んで収納。散乱しがちなレジ袋も、ここに入る枚数だけ持つように。

09 ゴミ箱

ゴミ箱はシンク下に収納。食事の後片付けをしながら移動せずゴミを捨てられるので、とてもラク。左がプラのゴミ、右が燃えるゴミ。

押し入れ①
（引き戸）

引き戸の押し入れは、壁面に近い左右の部分がBESTゾーン。
わが家では、よく使うバッグや日用雑貨をBESTに配置。

01 ポーチ類

突っ張り棒にラック&カゴを取り付けて壁面収納。息子のお世話セットやバッグインバッグを入れて。

02 普段用バッグ

ちょっとお出かけする時に使用する普段用バッグは、右側&腰から目線の一番取り出しやすい場所に。

03 バッグ

よく使うバッグは出し入れしやすい右側のボックス、使用頻度の低いバッグは左側のボックスに入れて。

04 日用雑貨

紙袋はここに入るだけ。

よく使うショルダーバッグ。

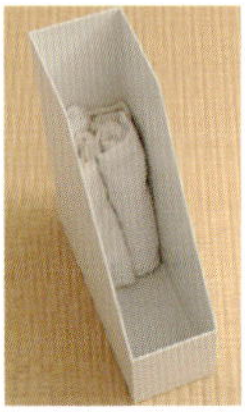

雑巾のストックを立てて。

裁縫アイテムや裁縫の本。

冠婚葬祭グッズをまとめて。

05 クリスマスグッズ

クリスマスツリーに飾るアイテムを収納。一年に一度、取り出す程度なので引き出し上段に配置。

06 一時置き

誰かに譲る予定の物や、手放そうか迷っている物を一時置き。洋服はフリーマーケットかチャリティーへ。

07 仕事用アイテム

仕事で使う物は、出し入れしやすい場所に。仕事用バッグ（03）も近くにあるので、用意がスムーズ。

08 殺虫スプレー掃除グッズ

殺虫スプレーや軍手、がっつり掃除する時に必要なアイテムをまとめて、重ねないように収納。

09 備品パーツ

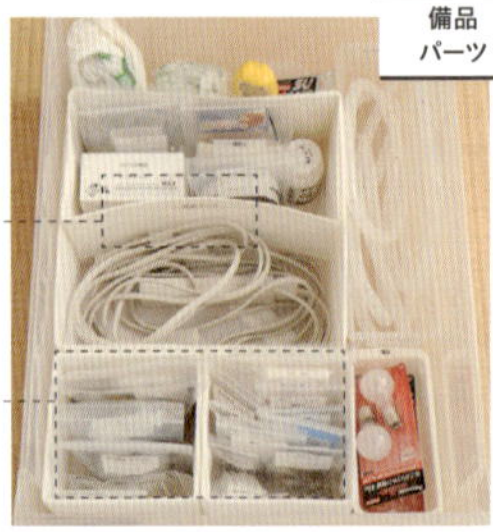

延長コードや電球、細かいパーツや備品など。細々した物はそれぞれジップ付きケースに入れて。

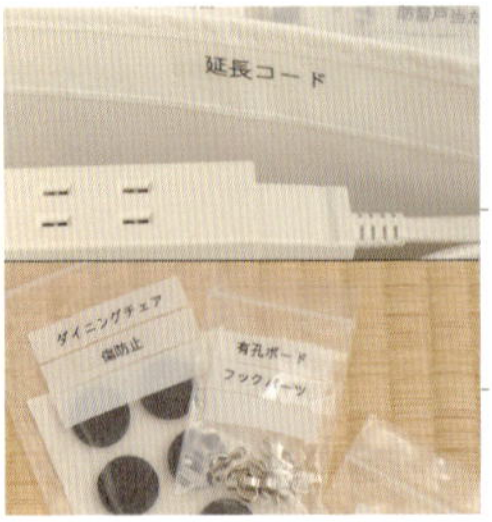

収納ケースにラベルを貼って指定場所を明確に（上）。ジップ付きケースにもラベルを貼って、何の備品だったか忘れ防止（下）。

SIZE（押し入れ）／910×1,820mm

12
思い出の物

階段下収納には入り切らないサイズの写真や、自宅を建てる時に作成してもらったイラスト図を収納。

11
使用頻度の低い雑貨

アイスボックスや湯たんぽ、ゴルフのパター練習グッズなど、季節的な物や使用頻度の低い物を収納。

10
大きい備品

掃除機パーツや芝刈機の充電器を収納。主人も出し入れする物なので、ここに収納しています。

08 ／収納している物：殺虫スプレー、掃除用スプレー、観葉植物栄養剤、軍手、カーペットクリーナー用替えテープ
09 ／収納している物：延長コード、各種メンテナンスグッズ、電球、コードチューブ、各種パーツや備品
11 ／収納している物：ゴルフのパター練習グッズ、アイスボックス、湯たんぽ、花瓶＆インテリア用の花

01
五月人形 ツリーなど

人形などは飾るスペースと収納スペースからサイズを決めて購入。年に一度の出し入れなので奥に。

02
テーブル 仕事の資料

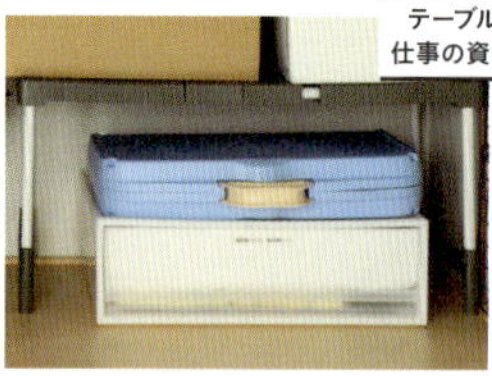

ラックを使ってスペースを有効活用。上は運動会などで使うテーブル、下は仕事で使う資料を。

03
空き箱

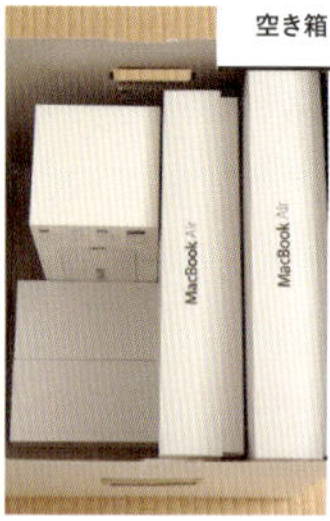

保管している空き箱は、パソコンと携帯電話が入っていた物のみ。手放す時のことを考えて一時保管。

04
思い出の物

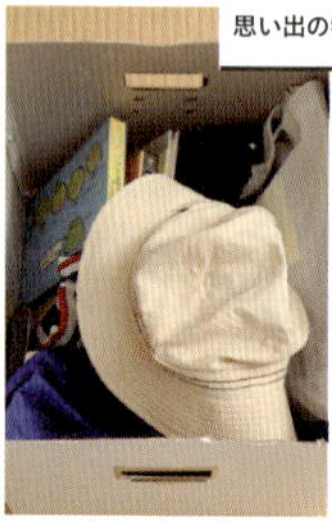

実家に置きがちな、独身時代の思い出の物。ここに入るだけと決めて、大切に保管しています。

05
大きい紙袋

ファイルボックス（―134ページ）に入らない紙袋は「2〜3枚だけ残す」と決めてデッドスペースに。

★ **06**
お世話セット

お尻ふき、手口ふき、タオルを収納。お世話にかかわる物は、座ったまま出し入れできる場所に。

07
息子の寝具 お出かけアイテム

リュックなど外出時に息子が着用する物や、お昼寝した時にかけるブランケットなどをまとめて収納。

08
息子の帽子 アウター

息子のジャケット類や帽子を収納。息子が自分でも出し入れできるよう、低い場所に収納して。

09
ラベリング

家族みんなが出し入れできるよう、何が収納しているのかを細かく記載したラベルも貼って。

10
日用雑貨

息子のケアセット、使用サイクルの早い歯ブラシのストックを。カイロやマスクなどの雑貨も。

11
息子のトップス

奥行の深い引き出しに息子のトップスを収納。引き出しの手前と奥でシーズンを分けて収納。

12
息子のボトムス

息子のボトムスと靴下を収納。他の衣類と同様、息子が自分で出し入れできるよう、低い場所に。

10／収納している物：息子のケアセット、歯ブラシのストック、カイロ、マスク、入院時のスリッパ、旅行用ポーチ、旅行用シャンプー＆リンス、旅行用ボディーソープ

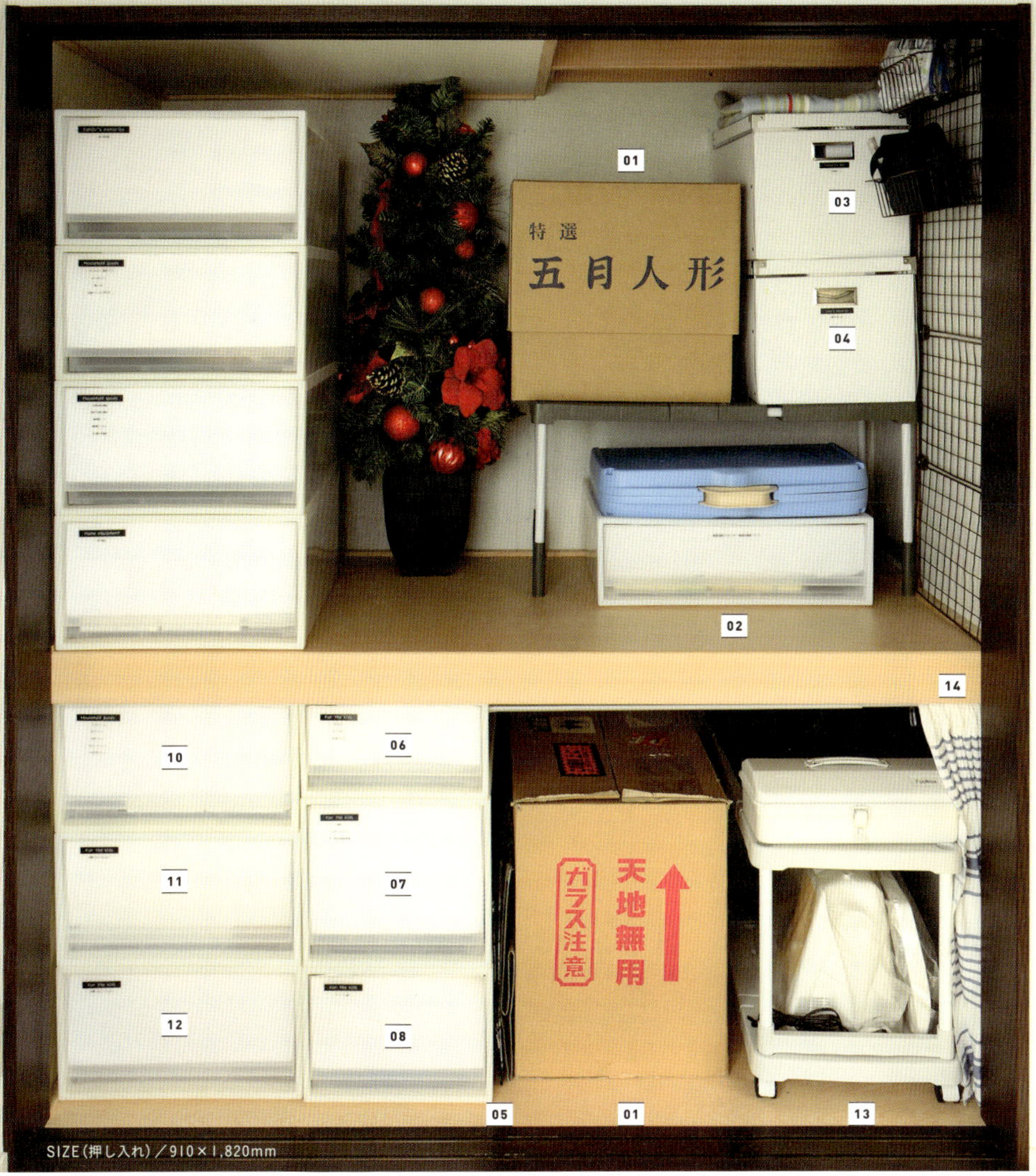

お役立ちITEM
［カート］

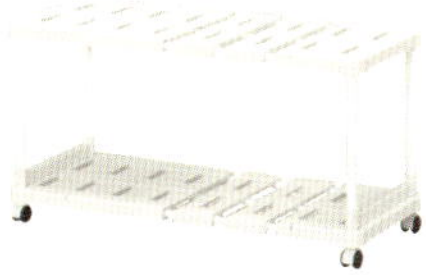

奥行の幅を調整できるので、収納スペースに合わせて使用できて便利。

幅37×奥行き72〜92×高さ44.9cm
伸縮押入れ整理棚 SOR-370W グレー／アイリスオーヤマ

14
目隠し

突っ張り棒にカーテンを通して目隠しを。ゴチャゴチャしがちな押し入れも、見た目スッキリ。

13
ミシン・工具箱
キャリーバッグ

重い工具箱とキャリーバッグは、キャスター付きカートの上に置いて出し入れしやすく。使用頻度の低いミシンはカートの下に配置。

家族の靴は、それぞれの身長に合った高さに配置して。
わが家では、郵便受けグッズや主人の通勤バッグも玄関に。

01 おさがりシューズ

性別が違っても履ける娘のおさがりシューズを収納。息子が使用するのはまだ先なので上段に配置。

02 郵便セット

ガムテープやはさみなど、郵便物が届いた時や郵便物を出す時にあれば便利な物をひとまとめに。

03 雨の日セット

雨が降った時に必要になるレインコートや、折りたたみ傘。外で使用する物は玄関収納が最適。

04 使用頻度の低い物

右のボックスは夏にだけ履くビーチサンダル&下駄、左のボックスは主人が使うゴルフ関係の物を。

★ **05** 靴のお手入れセット

靴のメンテナンスセットを収納。主人も私も使用するので、お互いが出し入れしやすい場所に。

★ **06** 主人の通勤バッグ

ポイポイ置いてしまいがちな主人の通勤バッグは玄関棚を収納場所に。帰宅時、ラクに置ける場所へ。

07 外で使用する物

サングラスやマスク、日焼け止め、虫よけシートなど、外で使用する雑貨やケア用品を収納。

08 エコバッグ

ほぼ毎日買い物に持って行くので、靴を履くついでにバッグを取り出せると便利。

お役立ち ITEM

[シューズラック]

上にシーズンオン、下にシーズンオフの靴を収納しています。
シューズラック／ダイソー

[L字ラック]

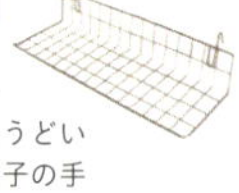

息子のシューズ収納にちょうどいいサイズ。息子の手が届く場所に設置。 ダイソー

[ケース]

収納スペースぴったりの透けて見えるケース。
アクリルメガネ・小物ケース 約幅6.7×奥行17.5×高さ25cm／無印良品

09 娘の靴

娘の手がカンタンに届く場所を、娘の靴専用スペースに。シューズラックを使って収納量をアップ。

10 息子の靴

息子の小さい靴が棚の奥に入り込まないよう、突っ張り棒にL字ラックを取り付けて2段組みに。

02／収納している物：ガムテープ、ビニールテープ、はさみ、カッター、ペン
05／収納している物：ブラシ、タオル、防水スプレー、シューズクリーナー、シューズクリーム
07／収納している物：ベビー用日焼け止めローション、大人用日焼け止めスプレー、ハンドクリーム、虫刺され用の薬、虫よけシート、ウイルスブロックスプレー、ハンド消毒ジェル、マスク、サングラス、めがね

実際には、上の写真と下の写真の間にプラス2段あります。
※母の靴専用スペースが1段分、娘の靴専用スペースが1段分

01 レジャー用グッズ

レジャー用シートと外用の椅子をバッグに入れ、そのままボックスに。ラクに持ち出せる状態で収納。

02 ゴルフシューズ

主人と私のゴルフシューズ。現在は年に数回行けるかどうか、という状態なのでボックスにまとめて。

03 使用頻度の低い靴

高くて出し入れしづらい場所なので、私のシーズンオフの靴と、使用頻度の低い靴を収納しています。

04 主人の靴

一年を通して、主人が仕事のない日に履く靴を収納。週に1、2回ほど履くか、履かないか。

05 サンダル

サンダルはゴミ捨てなどの時に使用する物なので、たたきに下りなくても出し入れできる場所に。

06 防虫スプレーなど

防虫スプレーなどは息子の手が届かない場所へ。底にラベルを貼って、寝かせれば空間の節約に。

07 防災グッズ

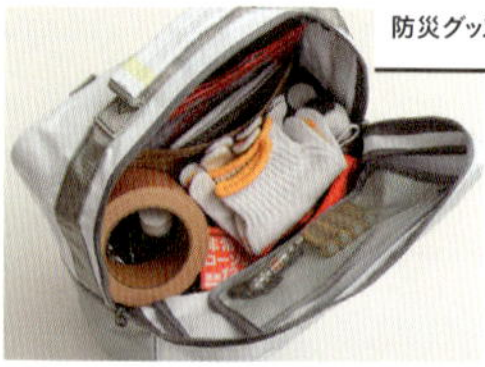

防災グッズはしまい込まず、すぐに取り出せる場所に収納。避難経路を考えて、わが家では玄関に。

08 ジョウロ スプレー

玄関の観葉植物用のジョウロ&スプレーボトルはまとめて。定期的な水やりがラクにできるように。

09 自転車の鍵 ヘルメット

娘の自転車用ヘルメットと鍵は、娘が出し入れしやすい高さに。壁面にフックを付けて紛失防止。

10 外遊びのおもちゃ

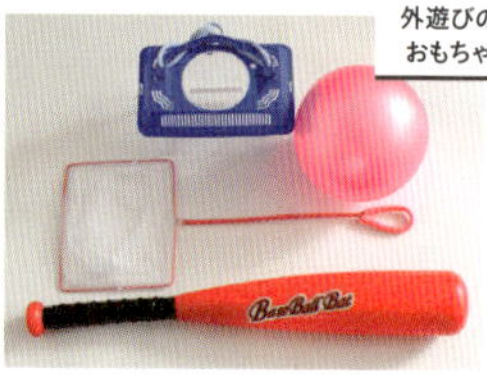

バットなどの大きな物は、そのまま下段に。これから増える物を見越して、下段は子ども専用に。

11 外遊びのおもちゃ

そのまま外に持ち出せるよう、持ち手のあるボックスに収納。息子でも出し入れできる場所に。

12 掃除グッズ

扉の裏面にフックを設置して、引っかけ収納。汚れに気が付いた時、ササッと掃除できるように。

06／収納している物：防虫スプレー2本、玄関灯・外壁スプレー

実際には、上の写真と下の写真の間にプラス2段あります。
※母の靴専用スペース2段分

忘れがちだけれど、物置きも大切な収納スペースの1つ。
洗車グッズや庭掃除アイテムなど、外で使う物を入れています。

01
ゴルフセット

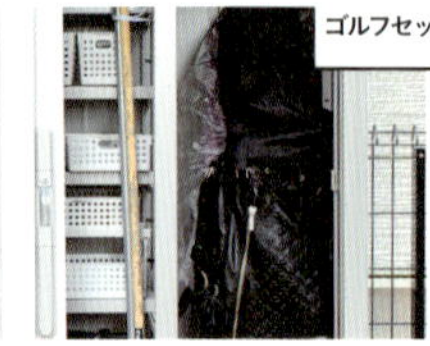

家の中に収納せず物置きに。ゴルフの時は車に積むので、駐車場に近い物置きに収納するほうが便利。

02
ブラシ レーキ

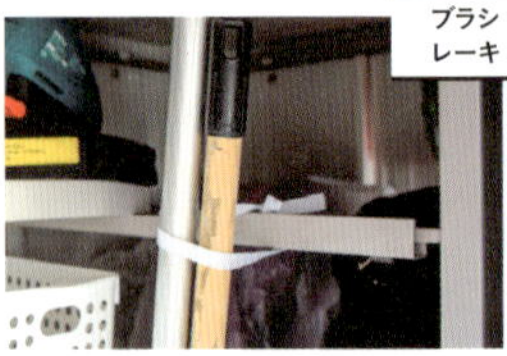

柄の長いブラシとレーキは、先の部分をボックスに収納して、柄の部分はゴムでくくって固定。

03
草刈機

草刈機は収納スペースから選んだサイズの物。軽量でコンパクトな物を選べば、物置き内もスッキリ。

04
自転車パーツ

補助輪などの自転車パーツをひとまとめに収納。息子が使うかもしれないので、物置きに一時保管。

05
庭掃除用アイテム

庭掃除に使う鎌や手袋、ゴミ袋は、それぞれ分類して収納。気が向いた時にすぐ掃除ができるように。

06
雑巾

洗車や掃除に使う雑巾は、物置き内の壁面に粘着式のタオルハンガーを設置し、引っかけて収納。

07
電動ドリル

年に1回使う程度のドリルは、物置きに収納。子どもの目と手が届かない場所に置いておけば安心。

08
洗車用グッズ

タオルやスポンジはまとめておけば、作業効率がアップ。洗車用バケツは洗車アイテムの収納に利用。

09
ラック 空のカゴ

ラックを使って収納スペースを有効活用。急に物が増えても対応できるように、70%収納を目指して。

10
プール

夏に庭に出すプールは大きな物。箱ではなく大きなシートバッグに入れてまとめれば場所を取りません。

11
プール専用空気入れ

プール専用の空気入れは、10のプールの隣にボックスを置いて収納。一緒に使う物は近くに配置して。

お役立ち ITEM

細かく分類して分けておけば、探し物もゼロになります。

[カゴ]

ストックバスケット
ホワイト/ダイソー

05 /ボックス(3種類):右から、庭掃除用ゴミ袋、庭掃除用手袋、雑草除去アイテム
08 /ボックス(3種類):右から、洗車用スポンジ、洗車用タオル、洗車アイテム

03
01
05
04
02
06
07
空箱
空箱
08
09
10
11

クローゼット（観音開き）

左のクローゼットは衣類、右のクローゼットはその他グッズを収納。
衣類をまとめることで、娘が自分で身支度できるように。

01 使用頻度の低い物

使用頻度の低い物をまとめて。遊園地で購入したグッズもまとめておけば、次に使う時に便利。

02 バッグ

娘の手が届く高さにポールを設置し、S字フックを。使用頻度の低いバッグでも目の届くように。

03 小学校グッズ

ファイルボックスには、図工の授業だけで使う道具やノートのストック類などを立てて収納。

04 小学校グッズ

小学校で使うグッズは左側の引き出しに。クローゼットの左扉だけ開けた状態でも準備できるように。

05 小学校グッズ以外の物

中央の引き出しは、運動会のメダルやお友だちからもらった物など、小学校グッズ以外の物を収納。

06 シーズンオフ

シーズンオフの衣類は、ソフトケースに入れて上段に収納。衣替えは同じ部屋内でできるとラク。

07 アウター

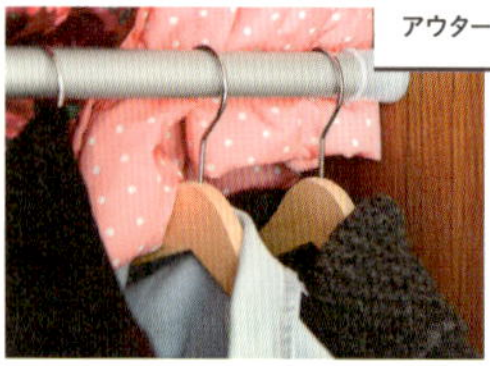

娘の手が届く位置にポールを設置し、収納量を大幅にアップ。シーズンオフの物は上のポールに。

08 帽子 ベルト

扉の裏も有効活用。手の届く位置に粘着フックを設置し、ベルトや帽子などの小物を引っかけて。

09 衣類

アイテムごとに分類し、それぞれの引き出しに立てて収納。重ねない収納で、探す手間のないように。

10 細々した物

ハンカチやキャミソールなどの細かいアイテムは、小さい引き出しへ。こちらも立てて収納します。

11 お風呂アイテム

お風呂に必要なタオル・パジャマ・肌着は同じ引き出し内へ。お風呂の準備が自分でできるように。

お役立ち ITEM

［タグ］

ラベリングできない布製ケースにはタグを利用。裏に紙が差し込めます。

ストレージタグ（5個入り）／mon・o・tone

01／ケース（2種類）：右から、遊園地グッズ、着物＆浴衣
04／上段：マスク＆ナフキン、ガーゼ＆体操着／2段目：フェイスタオル／3段目：プールセット／4段目：プールのタオル
05／上段：思い出の物、おしゃれアイテム／2段目：もらった手紙・ハガキ・プレゼント／3・4段目：なし
09／上段：トップス／2段目：ボトムス／3段目：靴下・レギンス・タイツ・スパッツ
10／上段：ハンカチ・ティッシュ／2段目：ハンドタオル／3段目：キャミソール／4段目：パンツ

SIZE（クローゼット）／600×1,820mm

限られた空間に、様々なアイテムを組み合わせて存分に収納。
衣類のたたみ方や入れ方で、収納できる量や使いやすさも変わります。

01 水着 ゴルフウェア

水着やゴルフウェアなど、用途に合わせた時にしか使わないアイテムをひとまとめにして上段へ収納。

02 シーズンオフのパジャマ

右が主人、左が私のシーズンオフのパジャマ。人別&ジャンル別に分けて収納すれば管理がしやすい。

03 アイロン 洗濯ばさみ

アイロン台の近くに、アイロンを配置。その他、洗濯ばさみ、ふとんばさみもまとめて収納。

04 アイロン台

アイロン台を立てて収納。アイロンは03のカゴから取り出し、クローゼット内でかけます。

05 主人のスーツ シャツ

主人のスーツやシャツは、アイロンをかけたらすぐハンガーに引っかけて収納できる場所が定位置。

06 シーズンオフの衣類

ポールの奥にできる、わずかなデッドスペースに突っ張り棒を設置して、シーズンオフの衣類を収納。

07 シーズンオフの小物

ポールが交差する部分はムダな空間になりがち。小物ホルダーを設置してシーズンオフグッズを収納。

08 ハンガー

衣類用ハンガーと、洗濯物を入れるボックスをたたんで収納。洗濯物を干す時はカゴごと寝室に移動。

09 息子のお風呂セット

息子の肌着やパジャマなどのお風呂セットを収納。引き出し内を仕切って、衣類が重ならないように。

10 息子のバスタオル

息子のバスタオルは09のお風呂セットの近くに。タオルはクルッと丸めて、山になる部分を上にして。

11 シーズンオンのパジャマ

上段は主人、下段は私のパジャマ。お風呂の準備がスムーズにできるよう、息子のパジャマの近くに配置。

お役立ち ITEM

[ボックス]
引き出し内の衣類整理に便利。底のファスナーを開けば平たくたためます。
SKUBBボックス6点セット ホワイト/イケア

02
01
07
06
05
08
03
04
11
09
11
10

01
帽子

大ぶりの帽子を重ねて収納。ボックスに入れて保管すれば、型くずれする心配はありません。

02
使用頻度の高い衣類

よく着る衣類、コートなどシワが気になる衣類はかける収納に。アイテム別＆色別にして選びやすく。

03
シャツ・バッグ小物

使用頻度の低いシャツやバッグ（よく使うバッグは1階の押し入れ）、よく使う小物をホルダーに。

04
主人のトップス

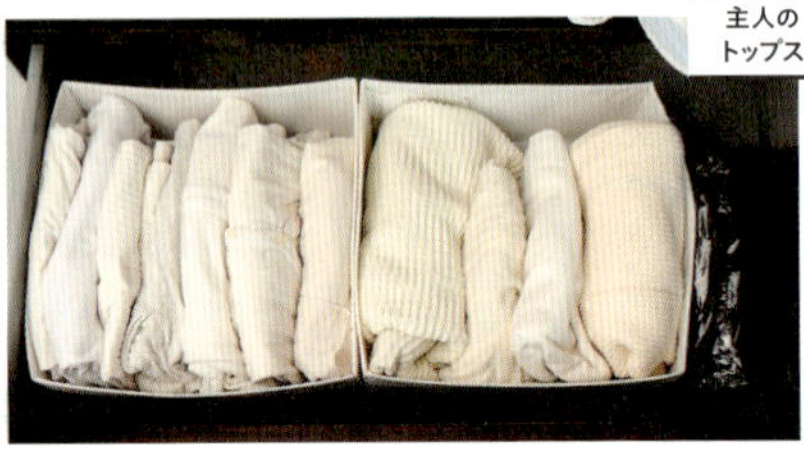

右の棚3段分は、主人のシーズンオン衣類を収納。上段にはTシャツやニットなどの白いトップスをまとめて。

05
主人のトップス

中段には色のあるセーター、ニット、トレーナーを。引き出し収納も、アイテム別＆色別に分けるのが基本。

06
主人のボトムス

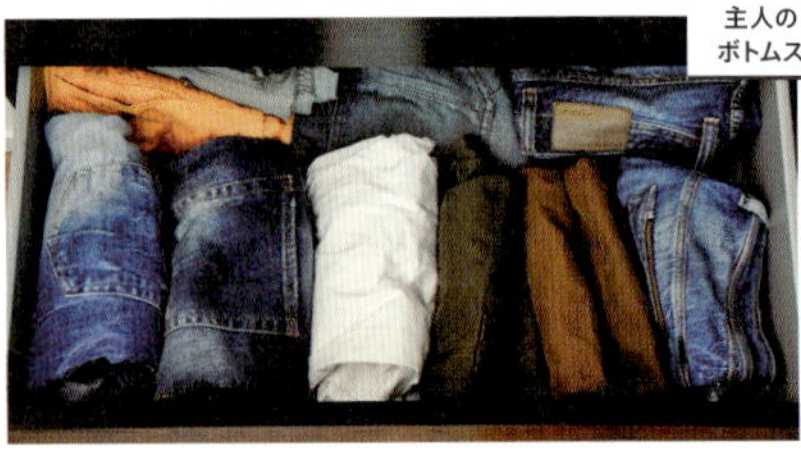

下段はハーフパンツ、デニムパンツなど主人のボトムスを。ボトムスも重ねず、すべて丸めて立てて収納。

07
私のトップスインナー

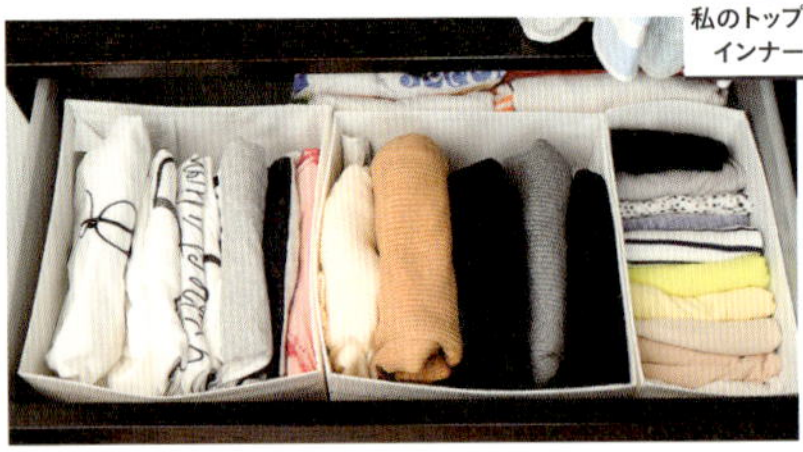

左の棚3段分は、私のシーズンオン衣類を収納。上段はTシャツ、タートルネック、タンクトップ、キャミソールを。

08
私のトップス

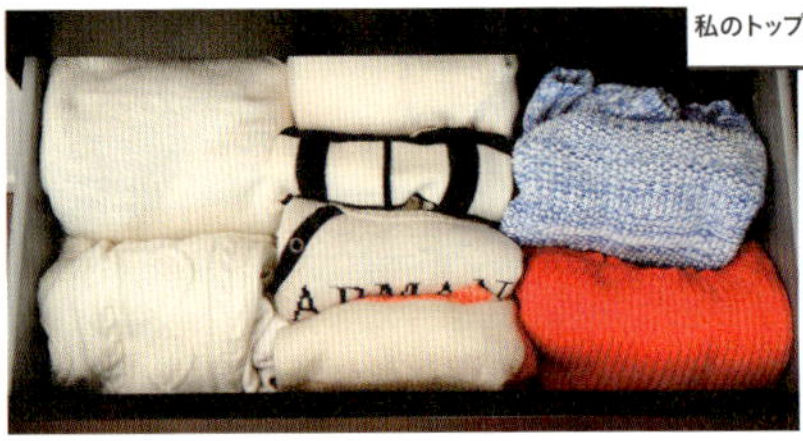

中段はニットやセーターを。夏は夏物衣類に入れ替えて、冬物衣類は上のカゴか、ベッド下収納に移動させます。

09
私のボトムス

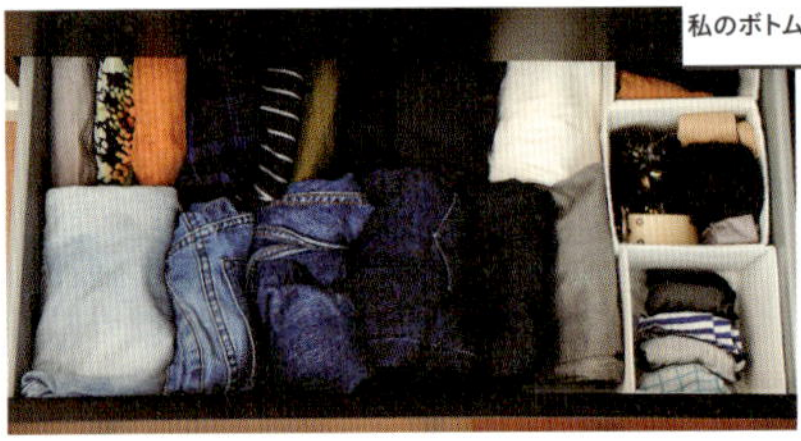

下段は私のボトムスを。仕切りボックスを使って靴下、ベルト、ストッキングなどの細々した物もここに収納。

シーズンオフの衣類
01
03
02
07
04
08
05
09
06

上段には主人の通勤アイテムや私のメイクグッズなど、毎日使う物を。
下段にはタオル類やマットの替えをまとめて収納。

メイクはチェストの鏡の前で。椅子に座った時、手を伸ばして届く引き出し（上段右）にメイクグッズを収納しています。

UP

01
メイクグッズ
アクセサリー

04
ネイルグッズ

ネイルは、ほとんど使わないので少なめ。小さいブックエンドを使って、ボックス内を仕切っています。

03
アクセサリー

ピアスやネックレスはジップ付きケースに1つずつ入れて、立てて収納。紛失防止にもおすすめです。

02
メイクグッズ
アクセサリー

仕切り付きボックスにメイクグッズを立たせて収納。詰め込み過ぎると出しにくいので、余裕を持たせて。

07
主人の通勤用
肌着など

主人の通勤用の肌着＆靴下。シーズオンは手前、オフは奥にして、衣替え時は引き出し内で入れ替え。

06
タオル
マット

キッチンマットやバスマット、ハンドタオル、食器用タオルは1つの引き出しにまとめて収納しています。

05
細々した物

チークカラーなどの細々した物はそれぞれボックスに。引き出しを開けた時、見える場所にラベルを貼って。

05 ／ボックス（6種類）：上から、ヘアピン、チークカラー、メイクスポンジ、リップクリーム、アイカラー×2点
09 ／右の引き出し：フェイスタオル／左の引き出し：バスタオル

SIZE（チェスト）／幅120×奥行48×高さ73cm
SIZE（テーブル）／幅124×奥行48×高さ77cm

※私や主人の下着

ベッド下収納

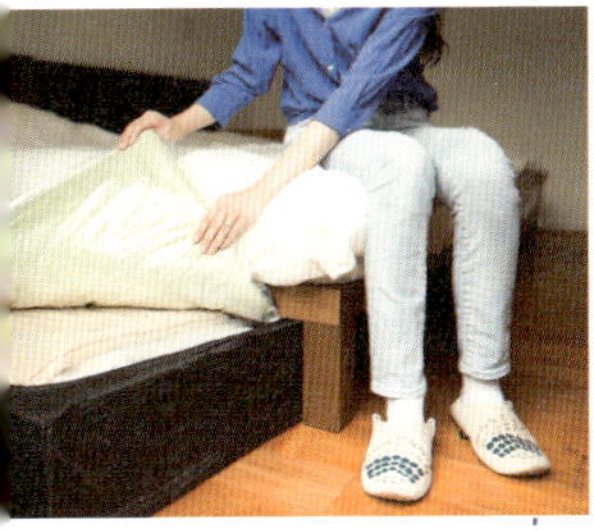

寝室のベッド下にはケースを3つ並べています。

●シーズンオフの布団
2つのケースには、シーズンオフの布団や来客用の布団を収納。わが家には2階に寝室があるので、1階の押し入れに布団は収納していません。布団を抱えたまま階段を上り下りするのがたいへんだからです。

●シーズンオフの衣類
残り1つのケースには、クローゼットに入り切らなかったシーズンオフの衣類を収納しています。

09
タオル類

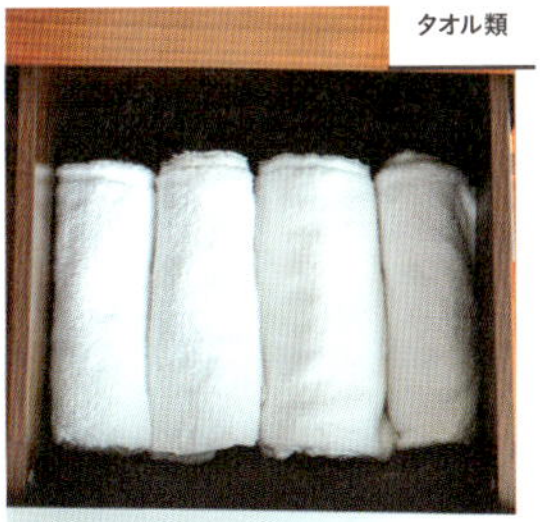

バスタオル、フェイスタオルは丸めて縦並びに。必ず右から使って、洗ったタオルは左に収めるように。

08
主人の普段使い用肌着など

主人の普段使いの肌着、帽子を立てて収納。引き出し奥には毛玉取りを収納して、すぐ使えるように。

11
インテリア

結婚した時に姉からもらった写真立てや、家族の写真を並べて。インテリアは厳選してスッキリと。

10
主人の通勤アイテム

クローゼットから一番近い引き出しには、主人の通勤アイテムを。仕切り板で、物の居場所を明確に。

座ったまま必要な物がすぐ手に取れるように、配置を工夫して。
写真や手紙を飾って、仕事へのモチベーションも上がるように。

01 文房具

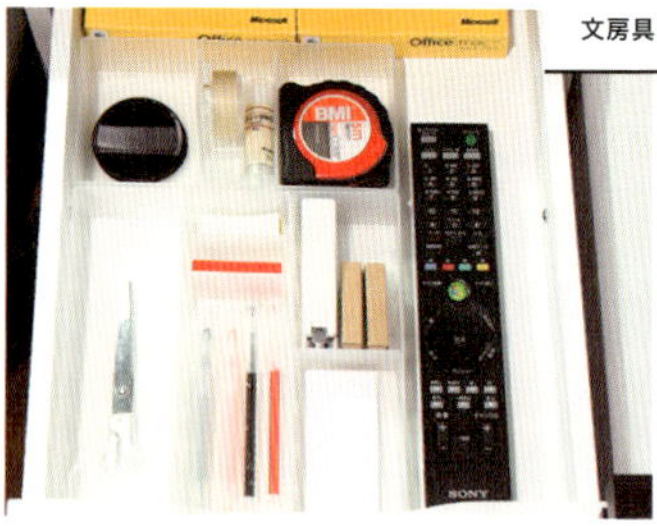

引き出し内はケースで区切り、物の居場所を明確に。出し入れしやすいと仕事効率もアップ。

02 パソコン周りのグッズ

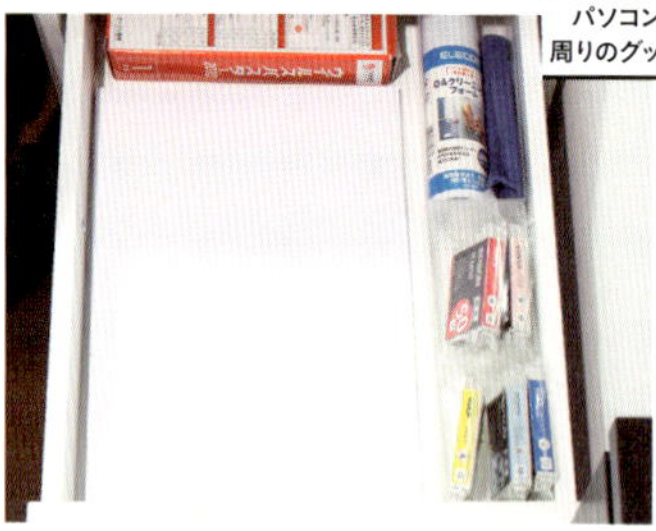

使用頻度の高いコピー用紙は、引き出し2段目に収納。プリンターの近くにあれば便利です。

03 カラの引き出し

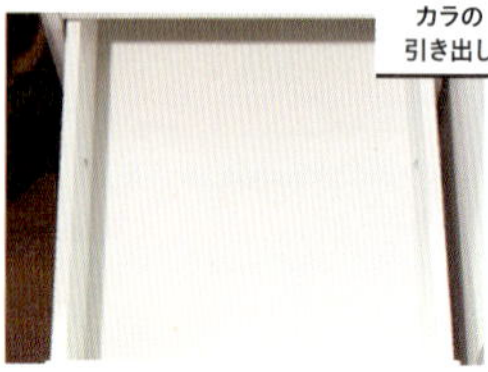

以前はカメラを入れていましたが、息子が引き出しを開けて出すので、手の届かない棚上に移動。

04 写真

家族の写真や子どもからもらった手紙をマグネットボードにディスプレイ。ほっこり癒される空間に。

05 クリップ 電池

マグネットの小物入れにクリップや電池を入れてボードに。フタが透明なので、おしゃれに見せ収納。

06 カメラ掃除グッズ

パソコン周りはホコリがたまりやすい場所。ホコリが目についたらすぐに掃除できるように。

07 写真

デジタルフォトフレームで子どもの幼いころの写真を流して。自分がリラックスできる環境づくりを。

08 カメラ 充電器など

子どもに壊されたくない物は、子どもの手が届かない場所に。フタ付きボックスでホコリかぶりなし。

09 取扱説明書 印刷紙など

プリンターなどの取扱説明書や印刷紙などは、必要な時に探さず取り出せるよう、それぞれボックスに。

お役立ち ITEM

インテリアや壁面収納にお役立ちのグッズ。

[マグネット]

SPONTAN マグネット アソートカラー 直径6cm／イケア

[ボード]

縦と横、どちらの向きにも使えて便利です。

SPONTAN マグネットボード シルバーカラー 37×78cm／イケア

[小物入れ]

スパイスなどを入れて冷蔵庫にくっつけても GOOD。

GRUNDTAL 小物入れ ステンレススチール　直径9.5cm／イケア

01 ／収納している物：ペン、はさみ、ふせん、のり、セロハンテープ、ホチキス＆ホチキスの芯、スタンプ、メジャー、リモコン
02 ／収納している物：コピー用紙、インク各色、ウイルスソフト、PCクリーナー
08 ／ボックス（3種類）：右から、CD-R＆DVD-R、カメラ＆充電器、その他充電器類
09 ／ファイルボックス（5種類）：右から、印刷紙、写真用のラベル用紙、勉強アイテム、仕事の書類、取扱説明書

09
04
08
06
05
07
01
02
03

鏡面棚・チェスト
（左開き）（引き出し）

洗面所は、狭いわりに細々したアイテムが集まる場所。
子どもの物は出して、大人の物は鏡面棚、危険な物は高い壁面棚に。

01 鏡面棚

02 スキンケアグッズ

化粧水や美容液などのスキンケアグッズは、右から使う順番に並べれば、使う時の流れがスムーズ。

03 細々した物

綿棒やヘアピンなど細々した物はケースに入れて。物の居場所を明確にすれば散らかり防止に。

04 主人用アイテム

下の段は主人が洗面所で使うアイテムをまとめて。家族の共有スペースは、人別に収納を分けます。

お役立ち ITEM

[ケース]

立てて収納するのに便利なケース。

ポリプロピレンブラシ・ペンシルスタンド 約71×71×103mm ／無印良品

02 ／収納している物：ヘアターバン、クレンジングオイル、洗顔フォーム、化粧水、乳液、美容液、保湿クリーム
03 ／ケース（4種類）：綿棒、眉はさみ、歯磨きアイテム、ヘアピン
04 ／ケース（7種類）：ヘアムース、シェーバージェル、シェーバー、めがね、ヘアスプレー、空のケース×2点

05 チェスト上段

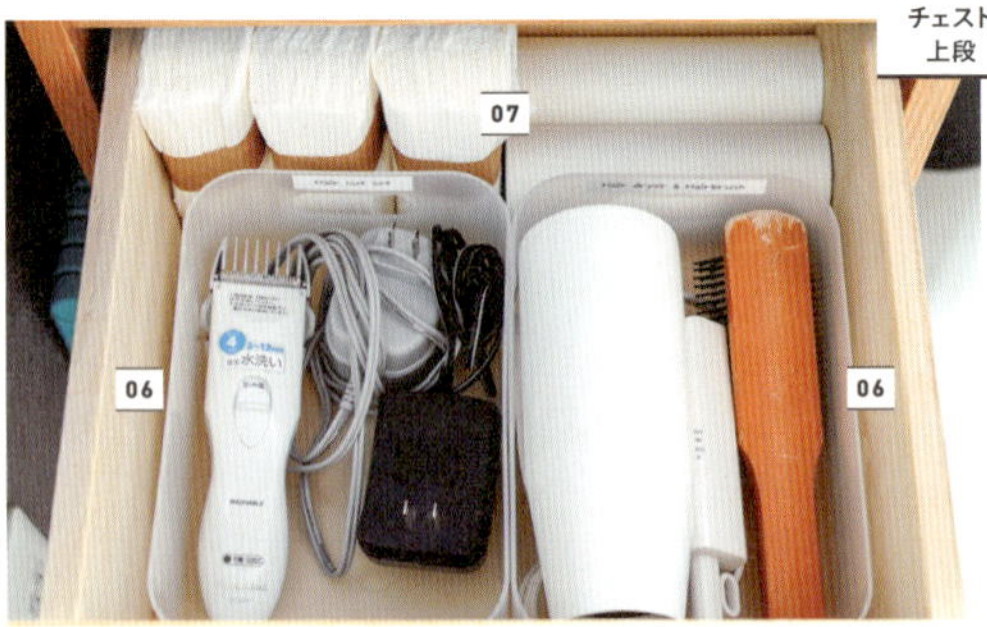

06 セット類

ドライヤー&ヘアブラシ、シェーバー&充電アダプターは、それぞれ一緒に使う物なのでセットにしてケースに保管しています。

07 ストック

2階の各部屋で使用するティッシュやカーペットクリーナーのストックは、同じ2階に収納しておけば補充する時にラク。

08 チェスト下段

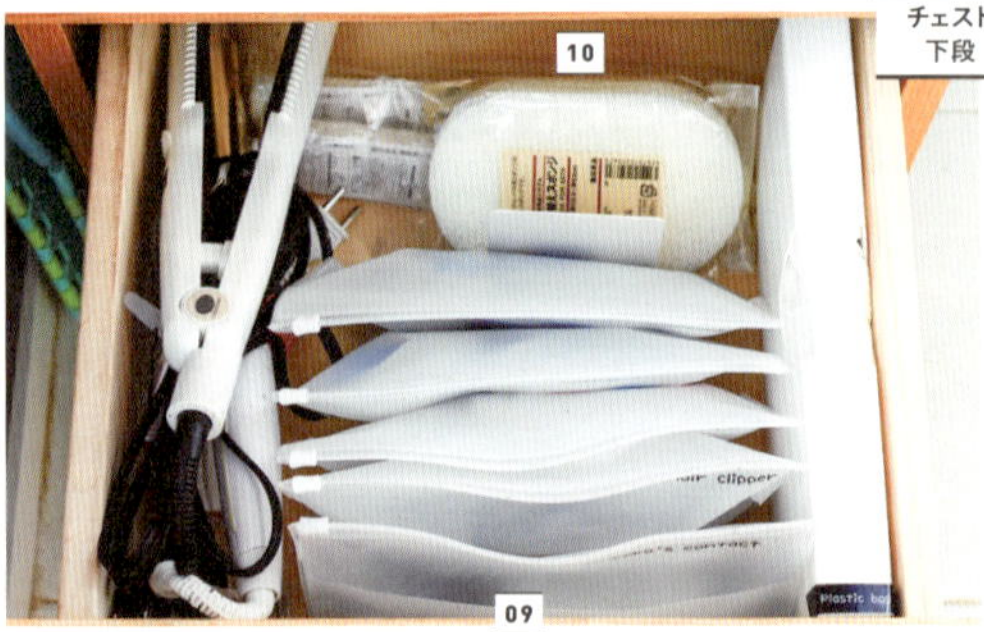

09 細々した物

コンタクトレンズやスキンケアクリームなど細々した物は、透けて見えるケースに。ブックエンドで押さえてケースを立てて。

10 ストック

浴室で使う掃除グッズのストックは洗面所に収納。ストック類は使う場所の近くに保管して、持ち過ぎないように。

05 ／収納している物：ティッシュ・カーペットクリーナーのストック、ドライヤー＆ブラシ、シェーバー＆充電アダプター
08 ／収納している物：スポンジ・ワイパーのストック、ゴミ袋、ヘアアイロン、ケース（5種類）
09 ／ケース（5種類）：私のコンタクトレンズ（両目同じ）、主人のコンタクトレンズ（右目用）、
主人のコンタクトレンズ（左目用）、スキンケアクリーム、ヘアクリップ

SIZE（チェスト）／幅42.2×奥行41×高さ56.7cm（脚の高さ12.5cm）

01
壁面棚

02
**洗剤
芳香剤など**

子どもが手に取らないよう、芳香剤や洗剤類は高い位置の壁面収納に。同じボトルに詰め替えれば、見た目スッキリ。

03
洗剤

洗濯洗剤は粉タイプを使用。購入時はきちんと容量を調べて、すべてが入り切るケースに詰め替えるようにします。

OPEN

SIZE（鏡面棚）／幅60×奥行21×高さ40cm

02／収納している物：右から、柔軟剤、シミ抜き、お風呂用洗剤、消臭＆芳香剤、カビ取り、洗濯石鹸

お役立ち ITEM

［ボトル］

色々な種類の洗剤類も、ボトルに入れ替えると見た目スッキリ。

mon・o・toneストックボトル／mon・o・tone

04
靴磨きグッズ

浴室で靴磨きをするので、靴磨きグッズはケースにまとめて壁面棚に収納。

05
タオル

洗面所で使うフェイスタオルの替えは、タオルかけに近い場所にあると便利。

TOILET 棚（右開き）

ホッと一息つける場所にするため、装飾品は控えめ。
掃除がたいへんなので、トイレマットは敷いていません。

01 トイレットペーパー

トイレットペーパーは梱包から出して1階と2階のトイレに分散収納。ストックは使う場所に保管。

02 プライベートのグッズ

プライベートの物は、中身の見えないボックスに。棚の奥行に合わせたボックスを探しました。

お役立ち ITEM

［木箱］

2組購入し、大きいほうを1階トイレ、小さいほうを2階トイレで使用。
DRAGAN バスルームセット2点 竹／イケア

03 掃除グッズ

無印良品のメイクボックスを3段重ねて、掃除グッズを収納（63ページ）。ブラシも横に置いて。

04 フレグランス

消臭には無印良品のフレグランスを利用。お気に入りのアロマの香りでホッと一息つける空間に。

お役立ち ITEM

［フレグランス］

オレンジやレモンの爽やかな香りがお気に入り。
インテリアフレグランスセット・リフレッシュ／無印良品

OPEN

05 インテリア

1階と2階のトイレは、使用する人のことを考えてすみ分け。1階は来客のことも考えて装飾品をなくし、スッキリした空間で誰でも居心地よく。2階は結婚式の写真や造花を飾って、家族がホッと落ち着ける空間に。

06 オムツ用ゴミ箱

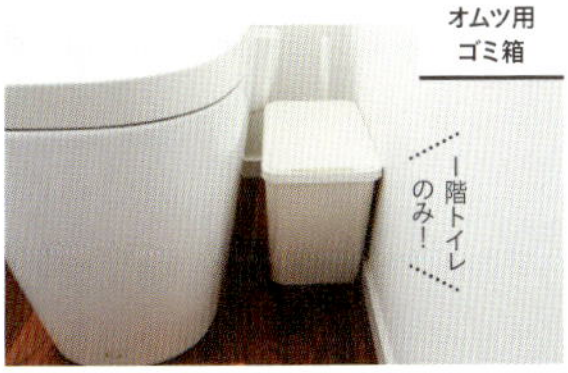

1階トイレのみ！

1階の和室で息子のオムツ替えをすることが多いので、1階トイレにはフタ付きのオムツ用ゴミ箱（15ページ）を設置。

03

感謝をこめて

今年の3月から、この本の制作がスタートしました。第2弾の収納本のお話をいただいいた時、私にはある想いがありました。それは、「ダメダメな私を出したい」ということ。

昨年、初の収納本を出版させていただき、たくさんのご感想をいただきました。その中で、「整理収納ができている＝完ぺきなお母さん」という印象を持たれた方が多く、ありがたくもありましたが、心苦しさもありました。というのも、本当の私はズボラで、完ぺきどころか毎日、育児や家事に一杯一杯になりながら、なんとかこなしているから。整理収納は、そんな私を助けてくれるものなのです。

今回の本では、整理収納で失敗したこと、育児や家事で失敗したことも書かせていただき

ました。そして、わが家の収納をすべてお見せしました。そんな風にすることは、とても勇気のいることで、家族の理解がなければできないことでした。ですが、私がここまでした理由は、「どんなに育児・家事・仕事が一杯一杯になっても、自分の大好きな空間があれば、また笑顔でがんばれる」ということをお伝えしたかったから。そして、「〝わが家の整理収納レシピ〟は皆さまのご家族でしか、つくれない」ということを、知っていただきたかったからです。

　この本が皆さまの「整理収納レシピ」づくりのお役に立つことができ、あなたとご家族の笑顔が「大好きな家」にあふれますように。この本を手に取ってくれたあなたに、心からの感謝を込めて。

梶ヶ谷陽子

STAFF

撮影 ……………… 宗野 歩
イラスト ……… mizutama

デザイン ……… 酒井由加里 (G.B. Design House)
DTP ……………… 後藤 修 (buffalo graphic)
矢巻恵嗣
佐藤世志子
校正 ……………… 鷗来堂

営業 ……………… 峯尾良久
企画・編集 … 山田容子

子《こ》どもが散《ち》らかしてもすぐ片付《かたづ》く
梶《かじ》ヶ《が》谷《や》家《け》の 整《せい》理《り》収《しゅう》納《のう》レシピ

2015年12月 7 日　初版発行
2016年 2 月21日　第3刷発行

著者　梶ヶ谷陽子
発行者　ワトソン環
発行所　株式会社 G.B.
〒102-0072
東京都千代田区飯田橋4-1-5
電話 03-3221-8013（編集・営業）
FAX 03-3221-8814（ご注文）
http://www.gbnet.co.jp/
印刷製本　株式会社ダイトー

ISBN 978-4-906993-25-3

梶ヶ谷陽子

（かじがや ようこ）


Bloom Your Smile 代表。整理収納アドバイザー、整理収納アカデミアマスター、住空間収納プランナー、住宅鑑定風水インストラクター。

16年間、米軍基地内の正社員として勤務。2013年、2人目出産を機に退社し、整理収納アドバイザー・住空間収納プランナーとしての活動を本格的に行う。2010年12月号より、生活情報誌「サンキュ!」「ひよこクラブ」（ともにベネッセコーポレーション）の専属モデルとしても活躍。「サンキュ!」主婦ブログ「心の花を咲かせよう」は、主婦読者からの人気が高く、総アクセス数300万PVを超える（2015年10月時点）。

2013年7月、日本テレビ「ヒルナンデス!」に“収納名人”として登場。以降、CBC/TBSテレビ「ゴゴスマ」をはじめテレビ出演が多く、メディアで活躍。2014年11月、初の著書『子どもがいてもできるシンプルな暮らし』（すばる舎）を出版。Amebaブログ「整理収納レシピ」が話題を呼び、2015年6月より公式トップブロガーとして活躍。2015年7月、2年間の学びを経てハウスキーピング協会最高位資格の整理収納アカデミアマスターを取得。全国で19名のアカデミアマスターになる。夫・娘・息子の4人暮らし。

・BLOG「サンキュ!主婦ブログ 心の花を咲かせよう」
http://39.benesse.ne.jp/blog/1043/
・BLOG「アメーバブログ 整理収納レシピ」
http://ameblo.jp/yoko-bys/
・HP「Bloom Youe Smile」
http://bloomyoursmile.jp/

・ゴゴスマ
CBC/TBS　毎週月～金　午後1:55～放送